心想事成的黃金三步驟

吸引力法則

LAW of ATTRACTION

麥可 J. 羅西爾 著

林說俐 譯

謝明憲 審訂

推·薦·序
莫非定律 vs. 吸引力法則

李欣頻

　　當我開始相信「吸引力法則」——正面思考可以雙喜臨門，負面思考就禍不單行的原理，我開始觀察身邊的人，特別是一些莫非定律的死忠信仰者：

　　「唉，你看車那麼多，我們鐵定遲到……」「等一下我們一定找不到停車位……」「現在在停車場裡停好車，等下電影看晚了，停車場一定就關門，車也開不出來……」

　　我真不知道，人們為何老愛為還沒發生的下一秒，先行設定了悲劇的走向，我那悲觀朋友的說法是：「要有憂患意識嘛，這樣悲劇發生時，自己也比較有心裡準備。」但如果她看過了《*The Secret*》（註1）的影片或是書，就會知道她越是這麼想，就越會引來悲劇的發生，然後她就會很得意地說：「你看吧，我就說吧……」，我不得不佩服，杞人憂天的她，如此享受在自己創造的悲劇中，樂此不疲。

　　我的另一個樂觀派的朋友就完全相反：

　　「就這一小段塞車，過了就一路暢通……」「等一下一定會有

個超棒的停車位，就在我們要去的那一棟大門前等我們……」

　　果然，我們到達時，停在大樓正前方的車，莫名其妙就開走了，空出了絕佳的車位給我們——這就是吸引力法則用在正面思考上，所發生的立即心想事成的結果。

　　不管如何，既然人們無法活在當下，為何不去想未來比較好的版本？為何要把能量放在自己不要的事情上面？而去想比較糟的下一秒？當我看到有人在桌上貼著「吃苦當做吃補……吃得苦中苦，方為人上人」時，我不禁感嘆，人真愛自討苦吃啊，可以想見這個人未來還有著吃不完的苦頭，因為在他的設定，就是要吃苦後才能成為人上人，我們都被這句話中毒太深了：「天將降大任于斯人也，必先苦其心志，勞其筋骨，餓其體膚，空乏其身……」，天底下也有很多人，是在喜樂、感激、心滿意足的情況下獲致個人的成功、幸福、富裕，但大多數的人都不相信自己可以這麼好運，於是幸運只好如其所願地遠離。

　　當我看完《吸引力法則》，又重新翻開莫非定律（註2），看到「才一洗車就下雨。」「才剛點上菸，公車就來。」「牙痛通常會在週六晚上發生。」「工具掉到地上，會滾到廚房裡最難拿的角落。」「另一排的隊伍移動比較快，移到比較短的隊伍，那一排會突然變長。」「自助餐上你看準的那道菜，等排到了就會被前面的人拿走。」「如果你發現某個流程有四個破綻，而且都防範了，那麼第五個會馬上出現。」「東西越重要，就壞得越嚴重。」「如果丟掉的東西又找回來，一定會有別的東西不見。」

「等半天的電話，才出門就打來。」「如果有兩種可能，不想要的會發生。」「問題走了，解決問題的人賴著不走……不稱職的人一走，馬上會招募另一個來。」「到海外旅行，買了外匯隔天匯率就漲，回國把沒用的外匯賣掉，匯率又降。」「建設不是進度落後，要不就是超出預算。」……這些人們的負面設定，讓這個世界充滿了悲觀與沮喪（當然也有苦中作樂的趣味），試想，上述這些句子，把它們變成相反詞，是否一樣成立（註3）？既然轉個面的說法也可以成立，那我們為何老把悲劇程式，就這樣牢牢地設定在我們的未來生活中？同樣的道理，我們再重新聆聽耳熟能詳的流行音樂，特別是你鍾愛的曲子，那些充滿著悲情、哀怨的歌詞，是否已經幫你的愛情設下了悲劇的模式？

其實莫非定律說得沒錯：「你不想見的人，就越會遇到他。」「想到壞事，壞事就會發生。」但下一句：「想到好事，發生的一樣是壞事。」會不會發生，就看你信不信了。

套句小王子的話：「人們真奇怪！」

（本文作者為廣告創意人）

註1：《*The Secret*》，中譯為《祕密》，方智出版。
註2：《莫非定律》，書林出版社。
註3：請參見《一念之轉》，奇蹟資訊中心出版。

心想事成其實很簡單

陳威伸

　　和作者一樣，我也是一位NLP（神經語言程式學）執行師。

　　十幾年前，我就取得了NLP訓練師的資格，即可以從事培訓、授證NLP的專業執行師。事實上，我已在台灣、大陸，從事NLP專業執行師的培訓工作多年，也引進了近五十本有關NLP的書，翻譯成中文出版，在華文世界裡，爲NLP的扎根及推廣工作，盡了一些力。

　　我很高興看到這本《吸引力法則》的中文版出書，因爲這也是我多年來持續注意的主題之一。所以，我很樂於提供一些關於這個主題，及其學習後可能獲益的一些個人經驗與看法。

　　吸引力法則的存在，就像地心引力或萬有引力的存在，在牛頓發現及將之形成理論前，已經存在億萬年了。只是在發現及形成理論前，有的人有意識到它的存在，但是只知其然，不知其所以然，無法有效多方複製或刻意建構。有的人雖仍不知其然，但常受其苦而不自知，無法自拔、自救。

　　我個人喜歡這本書的呈現方式，理由如下：

1. 將本來不可捉摸的道理、法則，以很多簡單例證，讓人信服，並想起而驗證或從中獲益。

2. 將本來無從下手的道理、法則，以簡單步驟順序讓人瞭解，並想按部就班實驗練習起來。

3. 將本來不易養成的身心習慣，以NLP的學習手法，讓人浸淫，並自然的成爲其潛意識的一部分。

簡言之，這本書是在談存在於宇宙間的一項普遍性法則，也就是思想是有能量的，而能量會吸引能量，並且注意到一項事實——正面能量吸引正面能量，負面能量吸引負面能量。

要如何避免因不當的思維、語言模式，造成、吸引了負面的能量，形成或得到自己不想要的結果。反之，可以刻意建構正面思維，以適當的語言模式，朝自己想要的成果邁進，並最後達到自己所要的結果。

自己想要的事，可以是在健康、家庭、事業、富裕、人際關係、成功、個人情緒或成長……不一而足。大家都想要，但是爲什麼只有少數人得到？爲什麼自己不是那少數人之一？爲什麼自己老是得到自己不想要的？這是大多數人每天在掙扎或抱怨的，殊不知，這種掙扎或抱怨，反而又吸引了更多負面能量、更多自己不想要的東西。

或許有的人認爲這是自己努力不夠，所以再加倍努力，但結果還是一樣，於是更加抱怨、洩氣。有的人認爲是老天不公或自

己時運不佳，只要耐心一點或求神拜佛，結果就會不一樣，但結果其實還是一樣或甚至更糟。為什麼？

本書作者解開了這個惡性循環的謎，並且直截了當的以明確的步驟、具體的個案和例子，讓你在不知不覺間邁開第一步，自然而然的形成你要的事項的潛意識建構程序。而在閱讀過程，只要依序練習，你也可以在不知不覺間，學會了潛意識建構步驟，且將你想要的事，建構進入你的潛意識，形成你內在的參照經驗，並為你未來任何想要的建立新的結果，預先建設了成功的案例。

所以這本書的閱讀，不只是學會了一套運用吸引力法則的實務作法，同時也學會了一套「學習如何學習」的技巧。就像在NLP的訓練裡所談的：目標設定法的一些原則。

首先，要知道你要什麼，並且以正面的描述，將之說出。其實，很多人就是在這一點上沒做好，所以在他的人生裡，常常達不到他要的目標。因此，一定要以正面的方式描述你要的目標。而如要使這目標更鮮活，更纖細的描述這目標，就很重要了。

該如何做呢？可以我們主觀經驗的要素來建構之。就是說，以這目標達成時，你會看到、聽到及感覺到什麼的方式，來讓目標描述更纖細具體，並且鮮活。

比如說，我的目標是要健康，如描述時，以達成我的健康為

目標，我會看到：每天早上看到鏡中的我，神采奕奕，氣色光亮……或我會常聽到一陣子沒碰面的人，驚訝的說我氣色很好……或每天我起床時，會覺得很舒服，不會賴床，一醒就想起身，感覺真好等等。

再來就是，要讓這目標的達成，對自己有更的大的吸引力，最好能再加上當這目標達成後，會帶給你的好處有那些。當這樣的描述確認後，要達成這個目標，又增加一項吸引力，讓你無法不往你要的方向或成果前進了。

以上，我只是簡單的引述在 NLP 裡，對目標達成的工具的多樣化與豐富性，同時也凸顯本書作者的功力，他以很簡單的方式，將這有用的吸引力法則，設計成每一個人都可以很快上手的工具，也因之可以馬上受益。所以樂於推薦之。

（本文作者為宏碁基金會標竿學院副院長、赫威思專業訓練中心首席訓練師、中華民國神經語言程式學協會創會理事長）

各方佳評

吸引力法則？「在生命中，你會吸引到你所注意、關心的東西。」「當你不斷期待你想要的，你的吸引能力將變得無可抗拒。」對照到「你不理財，財不理你」的理財界至理名言，應該不難想像，這本和我的專業領域毫不相關的書為何能引起我的高度興趣！因為它跟我的理財書一樣，都想教你怎麼發揮正面能量。

蕭碧燕

中華民國證券投資信託暨顧問商業同業公會秘書長

我們常收到許多祝福的卡片上面寫著「心想事成」，當我們愉悅的接受它，很奇妙的就會發生好事連連；因為就像此書所說的，我們接收到正面能量，我們喜歡這種感覺，就像我們喜歡別人的讚美或鼓掌，我們更有活力去表現快樂與高興。吸引力法則是可以學習與增強您的幸福人生的！

劉樹崇

美商亞洲美樂家有限公司大中華區副總裁暨台灣分公司總經理

「麥可‧羅西爾具有將抽象原則化為有效成果的天賦。《吸引力法則》簡單易讀，容易學會，更棒的是，它真的有效！」

瑪麗‧馬克丹特（Mary Marcdante）

《我的母親，我的朋友》（*My Mother, My Friend*）作者

「如果你真的想了解為何你的人生是這樣，如果你真的想知道要怎麼順你的意去改變人生，這就是你的工具書，而且淺顯易懂。」

馬克・佛斯特（Marc Foster）

「你可能聽過、讀過吸引力法則。麥可把對吸引力法則的理解又更加簡易化，讓人人都能了解，不管你本身對吸引力法則是熟悉還是陌生。一本輕鬆又令人愉悅的好書！」

艾娃・葛瑞戈利（Eva Gregory）
《發達人生指南》（*The Feel Good Guide to Prosperity*）作者

「麥可是一個風趣、活潑又誠懇的講者，他的教學改變了我的人生。我本身是一個樂觀、正面的人，我後來發現原來我每天的自言自語破壞了我的好事，阻礙我吸引我想要的人際關係與事物（我讀過數百本當今大師個人成長書籍）。《吸引力法則》是很有價值的書，我建議任何一位想提升生活品質的人閱讀它。」

約翰・古迪（John Goudie）
危險青年顧問（Youth at Risk Counseller）

「我讀過其他關於吸引力法則的書，它們好像都缺了什麼。麥可以『釐清願望』和『許願文』練習題，補足了缺憾。」

珍娜・鮑爾（Janet Boyer）
新時代（New Age）編輯

「真是一本很傑出的書！麥可簡單的吸引公式會為支持者帶來意想不到的收穫。我超級推薦大家利用他的原則達到你人生的大目標！」

柴夫・沙夫特拉斯（Zev Saftlas）

《有效的動機》（*Motivation That Works*）作者

www.EmpowermentMessages.com 創立者

「本書支持的論點是簡單至上。作者提供運用吸引力法則的簡易實行法，並以實用的練習幫助讀者實踐。」

安提岡尼（Antigone W.）

美國亞馬遜網站讀者

「有關創造理想人生這個主題，我買了許多書籍、錄音帶等產品，麥可的《吸引力法則》絕對是其中最棒的當頭棒喝書籍。我發誓。他不是教你去吸引什麼結果，你本來就已經在做那樣的事情了。他用淺顯易懂的文字教你成為一個『自主性』的吸引者，開始有意識地吸引更多你想要的，少一點你不想要的。我絕對推薦大家讀這本書。如果這本書買不到了，你出一千美金我也不會賣給你我這一本。」

東尼・羅許（Tony Rush）

美國阿拉巴馬州的一位人生培訓師

吸引力法則簡史

你們當中有些人在其他地方聽過吸引力法則，有些人則是第一次聽到。吸引力法則自二十世紀初期起就出現記載。以下是簡史：

- 1906年，威廉・華特・亞特金森（William Walter Atkinson），《思想世界中的頻率及吸引力法則》（*Thought Vibration or the Law of Attraction in the Thought World*）。
- 1926年，恩尼斯特・霍姆斯（Ernest Holmes），《心智科學的基本觀念》（*Basic Ideas of Science of Mind*）。
- 1949年，雷蒙・霍利威爾博士（Dr. Raymond Holliwell），《與法則共事》（*Working with the Law*）。

在二十世紀初期，透過傑瑞與艾斯特西克斯（Jerry and Esther Hicks）的出版品，關於吸引力法則的資訊與教學逐漸流傳（請瀏覽他們的網站，閱讀最新的教學與論文：www.abraham-hicks.com）。他們的教學讓我真正「懂了」。

自 2000 年後，有許多關於吸引力法則的文章和書籍，吸引越來越多的讀者。隨著吸引力法則受歡迎的程度日益提高，未來將有更多的作者和老師投入著作行列。

本書有何不同？

1995 年，我研習神經語言程式學（Neuro Linguistic Programming, NLP），以理解人類心智與思想運作模式。我因而對人類學習方式有許多的洞察。你閱讀此書時將發現它會吸引你和其他人讀下去。本書的寫作方式是每章節環環相扣，而且像任何一本訓練手冊，你可以利用其中的工具、練習及問答，與吸引力法則緊扣在一起。

我讀過很多與吸引力法則主題相關的書，其理論相當廣泛。我反而找不到以下問題的答案：「我到底該怎麼做？」以我神經語言程式學的背景，加上運用不同學習方式的教學法，我為想學吸引力法則的學生創造一本簡而易學的指導書。利用書中的習題和工具，你可以很快學會，並盡早在你的人生中運用吸引力法則。

我最常聽到、也最讓我滿意的讚揚是，我的書簡單易讀，練習很容易做。眾多宗教與心靈團體大力推薦此書。此外，還有很多推銷團體、直銷公司、房地產經紀人、理財顧問等商業團體將此書列為必讀寶典。總之，這本書受到廣大的喜愛。

你已經在體驗吸引力法則

你是否注意過,有時後東西剛好就在你需要的時候送上門,或是突然有人打電話來解圍?或者是你碰巧在街上碰到心裡一直在想的人?也許你遇上完美的客戶或是人生伴侶,只因為宿命安排或是你恰巧在對的時間來到對的地方。這些經驗都是人生中吸引力法則的證明。

你是否聽過有人總是所遇非人,老是抱怨他們一直吸引到同樣的人?這同樣也是吸引力法則在發生作用。

吸引力法則的定義可能如下:「在生命中,我會吸引到我所注意、關心、聚焦的東西,不管是好是壞。」讀了本書,你就會知道這是為何緣故。

　　有些字眼或是辭彙可以用來描述所謂的吸引力法則。如果你用過以下字眼或是辭彙，你所指的正是吸引力法則。

以下是幾個例子：

◆ 出人意外　　　　◆ 得來全不費工夫

◆ 湊巧　　　　　　◆ 命運

◆ 因果　　　　　　◆ 正好

◆ 同步　　　　　　◆ 運氣

◆ 註定

　　這本書會告訴你為何會有這類經驗。更重要的是，你將知
道如何更主動地運用吸引力法則。你將會明白你該做、知道、
擁有什麼，才能讓自己得到多一點想要的，少一點不想要的。
結果，你會獲得理想的客戶、理想的工作、理想的伴侶、理想
的假期、理想的健康、更多的財富，以及所有你想要的。不騙
你！

吸引力法則之科學

正面思考和其產生的「吸引力法則」效應，有其生理學上的根據。

能量的形式很多：原子能、熱能、電動勢能（electromotive）、動能（kinetic）以及潛能。能量永遠不滅。

你應該還記得所有的物質是由原子組成，每個原子都有一個原子核（內含質子與中子），電子繞其運行。

原子裡頭的電子總是在固定的軌道或「能階」（energy levels）上繞著原子核，以維持原子的穩定性。當電子吸收額外的能量時，會躍升到較高能階的軌道上；而電子下降到較低能階的軌道時，則會釋放出能量。講到頻率「振動」，如果原子的排列一致，就可產生往同一方向拉的動力，就好比金屬也是藉由將分子往同方向排列才產生磁力。正極與負極兩端的產生既是自然也是科學。我們可以這麼說，科學顯示，如果在某一領

域可以觀察到物理法則並予以量化，那麼在其他領域也很可能
有類似法則，即使目前在這些領域我們還無法量化它。

　　因此，吸引力法則不是花俏說法或是新時代魔法。它是你
身上每一個原子都不斷與之回應的自然法則，不論你有無意識
到它的存在。

　　＊若有讀者想更了解能量、我們的思考以及我們周圍
「物質」世界的關連性，我建議看這部片《我們懂個Ｘ》
（*What the Bleep Do We know*）。

什麼是吸引力法則

有關吸引力法則的書有許多人寫過，以下是在許多不同的書中提及的幾種說法：

「同類相吸。」

—— 傑瑞與艾斯特·西克斯，

《有求必應》（*Ask and It Is Given*）

「你的思想，感覺、心像（mental pictures）和言語所散發出來的一切，都會吸引到你的生命中來。」

—— 凱薩琳·龐德（Catherine Ponder），

《財富動力法則》（*Dynamic Law of Prosperity*）

「不要去預期你不想要的事物會發生，也不要去許一個連你都不相信會實現的願望。當你期待你不想的，你會吸引來自己不喜歡的東西；而當你欲求一件你認為不可能發生的東西，你只是在浪費寶貴的念力。另一方面，當你不斷期待你一

直想要的事物會實現，你的吸引能力將變得無法擋。心就像磁
鐵，只要與你的心的主要狀態（ruling state）相呼應的東西，
都會被吸引過來。」

———雷蒙・霍利威爾博士，《與法則共事》

「思想的彰顯，乃依其強度而定。人類的智能中，縱使是
最微細的思想，也會在『法則』中啓動創造其『相應物』的力
量。」

———恩尼斯特・霍姆斯，《心智科學的基本觀念》

「你是一個活磁鐵；你在生命中會吸引與你「主要思想」
（dominant thoughts）相一致的人和情境。你意識中所想的會出
現在經驗中。」

———布萊恩・崔西（Brian Tracy）

吸引力法則的定義

✦

在生命中，
我會吸引到我所注意、關心、聚焦的東西，
不管是好是壞。

✦

正面與負面能量

　　人們常用「振動」（vibe）一詞來形容從某個人或某件事感染到的情緒或感覺。例如，你可能會說跟某人在一起感受到了好的振動。或者你會說當你來到城裡某個地區你得到負面振動。這些例子當中，振動一詞是用來形容你感受到的情緒或感覺。總之，振動等同於一種情緒或感覺。

　　振動在英文中的原字型是 vibration（大多數人很少用，譯註：本書中將此字譯為頻率）。在振動的世界裡，只有兩種頻率，正面的與負面的。每一種情緒或感覺會讓你發散一種振動，不管正面或負面。如果你去翻閱字典，選出所有描述情緒的字眼，可以將之分成這兩大類。每一個字眼不是產生正面頻率的情感描述，要不就是負面的。

　　每個人都會產生正面或負面頻率。實際上，我們不斷地在發出頻率。想想以下的陳述：「他的磁場很好」或是「這附近讓我感覺怪怪的」。

在下一頁中你會看到產生正面或負面頻率的情緒例證。

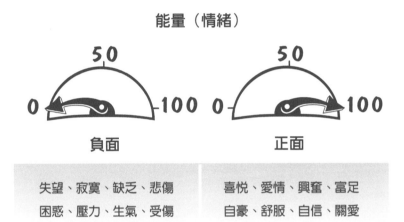

能量（情緒）

負面

失望、寂寞、缺乏、悲傷
困惑、壓力、生氣、受傷

正面

喜悅、愛情、興奮、富足
自豪、舒服、自信、關愛

　　人在每個時刻都會有一種情緒或感覺。在此時此刻，你所體驗的情緒或感覺促使你散發一種正面或負面頻率。

　　這裡就要提到吸引力法則了。吸引力法則（一種遵循著物理科學、在你四周到處都存在的能量）對你所散發的能量會有回應。現在，就在此時此刻，吸引力法則正呼應你的能量，給予你更多相同的東西，不管正面或負面。

　　比方說，當一個人週一早上醒來覺得有點煩躁不安，他發出的是一種負面頻率。當他發出該負面頻率，吸引力法則予以回應，給予這個人更多相同的東西。（吸引力法則總是呼應你的頻率，不管是正面或負面。）

　　所以，這個人下了床，撞到腳趾，烤焦土司，遇到塞車，被客戶取消會面，然後他會發現自己這樣說：「早知道就待在床上不出門！」

　　或者說，有個業務員剛成交一筆大生意，高興得不得了，因此發散出一種正面頻率。過沒多久，他又做成一筆大生意。他會說：「我真是順得不得了！」

　　在以上兩個例子中，吸引力法則都起了作用，精心安排同類相吸的效果，不管是正面或負面。

　　本書會教你辨識你所散發的頻率，並讓你能夠做出有意識的選擇，看你是想繼續散發該能量或是改變它。在〈自主性的吸引〉單元，你將學會如何隨心所欲發出不同的頻率。你會知

道如何成為自己頻率的主導者，讓你能夠改變目前的現況，多
一點你想要的，少一點你不想要的。

✦

吸引力法則會給你更多，
來回應你所發出的頻率——
不論（它）是正面或負面。
它只是回應你的頻率。

✦

無意中的吸引

　　許多人常常很好奇為何他們總是不斷吸引相同的事物。他們十分確定自己沒想任何負面的東西，但是在他們生活中的某方面，不順遂的事情卻一再發生。這是因為在看到自己的現況時，無意中發出了負面頻率所導致。

　　比如，如果你打開錢包看到裡面沒有錢，因為看到自己沒有錢的這件事，你便散發出缺乏、恐懼與其他類似的負面頻率。雖然你不是故意的，吸引力法則就是會回應你所散發的頻率，給予你更多相同的東西。它不知道是什麼舉止導致你發出那負面能量。你可能正好在回憶、假裝、做白日夢，或是如同這個例子，你只是在「看」而已。

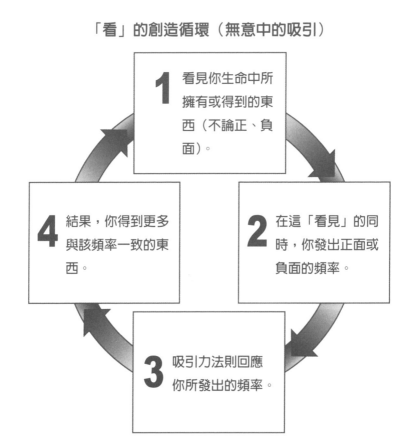

「看」的創造循環（無意中的吸引）

1 看見你生命中所擁有或得到的東西（不論正、負面）。

2 在這「看見」的同時，你發出正面或負面的頻率。

3 吸引力法則回應你所發出的頻率。

4 結果，你得到更多與該頻率一致的東西。

　　當你看見自己生命中不同領域的情況（金錢、工作、健康、人際關係等），你的「看」會產生一種感覺（頻率），那可以是正面或負面的。

「看」會發送頻率

「看」的創造循環（Observation Circle）一直都在進行著
——縱使你沒覺察到它。不論你所發出的是正面或負面的頻
率，吸引力法則都會給你更多等同的事物來回應你。

你必須了解一件重要的事情，不管你懂不懂吸引力法則，
它已經存在你的生命裡，無論你喜不喜歡，相不相信。如果你
喜歡你所看到的東西，那就慶祝吧，越慶祝你會得到越多。如
果你不喜歡目前的狀況，那現在該是更要好好利用吸引力法則
的時候了，好停止吸引你所不想要的，開始吸引你想要的。換
句話說——學會自主性的吸引。

不論是正、負面的頻率，
吸引力法則都會給你更多相同的東西。

了解你說的話的重要性

語言、語言、語言

本書中大多數的工具與練習題都和語言的使用有關，其中又以語言所營造出的感覺最為重要。

當你繼續讀下去，你會發現在自主性吸引的所有練習，「語言」是其共通的項目。

語言有那麼重要？

語言處處可見。我們會說、會讀、會寫、會想、會看、會打字、會在腦袋裡聽見。本書的練習之所以聚焦於準確語言的選用，是因為我們所思考、使用的語言會衍生出我們向外發送的頻率。譬如說，「家庭作業」一詞會讓某些人產生負面頻率，讓某些人產生正面頻率。「金錢」一詞讓某些人產生正面

　頻率，某些人產生負面頻率。接下來你將學到哪些辭彙會導致
你吸引你不想要的事物。

　　你的思考是由語言組成。下列圖示說明正、負面頻率，你
的思考與辭彙之間的關係。

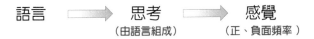

語言　➡　思考　➡　感覺
　　　　　（由語言組成）　　（正、負面頻率）

這些語言會吸引到你不想要的事物

不要、不是、別

　　不要想紐約的自由女神像。我知道你腦袋裡剛剛浮現了自由女神像！你的「意識」和「潛意識」都會自動過濾以下幾個字：「不要」「不是」「別」。這些字一旦出現，其實你反而會在內心化現出這些被勸阻的東西。比方當我說「不要去想像暴風雪」，我保證你會立刻開始想像暴風雪。即使該指示是叫你不要去做某一件事情，你的意識和潛意識會把「不」字刪掉。

　　其他讓你去注意「不想要的事物」的例子還有很多。你曾經說過以下的話嗎？

不要生氣	不要慌
我沒有在怪誰	別急，不要擔心
不要顧慮打電話給我	現在不要看
不要被耍	不要拿著剪刀亂跑
不要擔心	不要忘記
我不想傷害人	我不想讓客戶取消
不要亂丟垃圾	不要遲到
不要抽菸	不要摔門
我沒有在評斷	

　　吸引力法則的回應方式跟你的心一樣：它聽到你「不想」要的。當你聽到自己說一句包含有「不要」「不是」或「別」的話，你其實是把注意力集中在你「不想」要的。

　　以下是一個有效又簡易的工具，可以幫助你減少，甚至最後戒掉說「不」。每次你聽到自己說「不要」「不是」或「別」，問問自己「那我到底要什麼？」每次你提到你「不想」要的，同時間你其實是把注意力集中在那上面。當你問自己真的要什麼，你的答案會是由新的敘述構成的句子。當你的語言用詞改變，你的頻率也會變，很慶幸的，我們每次只會發出一種頻率。

✦

當你說一句包含有「不要」「不是」或「別」的話，
你其實是把注意力集中在你不想要的。
只要問你自己「那我要什麼？」

✦

問自己「那我要什麼？」

當我們使用了「不」字，然後問自己「那我要什麼？」，你的新說法會變成：

否定句 ⟹ 「那我要什麼？」 ⟹ 肯定句

不要顧慮打電話給我　　　　盡快打給我
不要慌　　　　　　　　　　保持冷靜
不要忘記　　　　　　　　　記得要……
不要遲到　　　　　　　　　準時見
不要摔門　　　　　　　　　輕輕關上門
我不想傷害人　　　　　　　我沒事
我不想讓客戶取消　　　　　我要讓客戶守約

你何時用到「不」？　　　　請造出新的肯定句。
請寫下你的句子。
◆　　　　　　　　　　　　◆
◆　　　　　　　　　　　　◆
◆　　　　　　　　　　　　◆
◆　　　　　　　　　　　　◆

「正面和負面情緒不能同時占據你的心。一定是由其中一個主導。你的責任就是要確定正面情緒是你心中的主導力量。」

——拿破崙・希爾（Napolean Hill）

當你的注意力從你不要的移到你要的，
你的用字會改變。用字變了，頻率也會變，
而你一次只能送出一種頻率。

重新調整能量

　　任何時刻，你都可以辨識你所發散的頻率是正面還是負面，方法是辨認你正感受到的情緒。這些情緒讓你發出頻率，而在頻率的範疇裡，只有兩種類別：正面與負面。

　　只要改變用字與想法，你就可以把頻率從負面轉成正面。就像問自己「那我要什麼？」一樣容易。再說一次，當你從說自己不想要的，變成說自己想要的，你的用語會變。你一次只能發出一種頻率，所以當你的用語改變，你的頻率也跟著變。簡而言之，想要重新調整頻率，只要改變你的語言和思考。

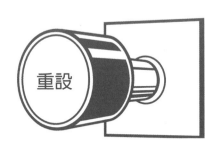

　　吸引力法則不會記得你五分鐘前發出的頻率，或是五天前、五個月前或五十年前。它只會回應你此時此刻正發送出去的頻率，並給予你更多相同的東西。

想知道你發散出去的是正面還是負面頻率，
只要看看你生命中所得到的一些結果。
這些結果是你所發散頻率的絕佳寫照。

自主性的吸引

　　在下一章節你將學會如何更隨心所欲地運用吸引力法則。你會學到簡單的三步驟。除了學習步驟並研究兩則個案之外，你可以利用我們提供的空白練習紙來參與。需要更多練習紙的人可以上網：請上「圓神書活網」（www.booklife.com.tw）搜尋「吸引力法則」這本書，進入書籍介紹頁面後，即可找到下載練習紙的連結。

　　如果你不確定要在人生的哪個領域運用自主性吸引這一招，只要選擇你覺得最不滿意的地方即可。那可能是你的人際關係、事業、健康、生意或財務狀況。

　　我建議你先讀完本書再回去做練習，在你選擇的領域裡加以運用。

自主性的吸引 3 步驟

STEP 1

釐清願望

說起來容易是吧？大多數人不是很清楚知道自己要什麼，但是他們卻很知道自己不要什麼。這個步驟會教你為什麼知道自己不要的會有幫助。

STEP 2

專注自己的願望

吸引力法則會給你更多你所注意的、你所關注的。這個步驟會教你如何達成，只要你學會選擇用語。

STEP 3

與願望合一

你疑惑自己為何沒有實現你的願望嗎？願望實現的速度全憑你與它合一的程度。這是最重要的步驟。

3
STEPS

| 釐清願望 |
| 專注自己的願望 |
| 與願望合一 |

步驟 1——釐清願望

　　讓吸引力法則生效的第一步就是弄清楚你要什麼。不過難就難在，大多數人不是很清楚知道自己「要」什麼，但是他們卻很知道自己「不要」什麼。知道自己不要什麼其實是好事，這個章節會教你爲什麼知道自己不要什麼是有用的工具。

何爲對照物？

　　對照物（註）在吸引力法則的運用中，指的是任何你不喜歡、讓你不舒服、或是讓你心情不好的東西。當你發現自己的人生中有樣東西感覺像是對照物，但你卻花時間去抱怨它、談

它，或是表明你不要它，那表示你正在發出一種負面頻率。吸引力法則會因此以更多你不喜歡的東西來回應你的頻率。

對照物有助益嗎？

是的。藉由觀察對照物並辨識出它其實是你不想要的東西，你可以更清楚你所要的。你只要問自己：「那我要什麼？」換句話說，你可以利用對照物讓自己更明白自己所要的，方法就是回答上述問題。

以你的第一任男女朋友為例。你有可能已經不跟那個人在一起了，而且那段關係讓你有了一長串不喜歡的事物。這就是你的對照物的內容清單。這張表有助於你弄清楚你對伴侶的期望。

（註）「對照物」的概念我是從傑瑞與艾斯特・西克斯的著作學到的（出版社為 Abraham-Hicks Publications）。

✦

觀察對照很重要，
有助你更清楚知道你所要的。

✦

為何看出對照物如此重要？

觀察到生命中的「對照物」的同時，你的願望就更加清晰了。

想像你跟最要好的朋友在你的車子裡，他不停地在轉車上的收音機。你的朋友選了你討厭的重金屬樂電台。你開始感受到壓力。

聽了五秒鐘之後你心想：「這是我的車子，我再也聽不下去了。」你伸手過去轉電台，轉成你最喜歡的那一台，播放成人流行樂。這下你馬上覺得既高興又輕鬆許多。

發現沒？當你注意到你不喜歡的，你反而更清楚你喜歡的。換句話說，你的對照物讓你更清楚你要什麼。

為了幫助自己快速觀察對照物，

就問：「那我要什麼？」

觀察對照物越快越好

獲得自己想要的而又不受困於自己不想要的關鍵，在於快速地觀察對照。

只有你能決定快速的程度。對某些人來說，體驗一段關係當中的對照可能要好幾年；對其他人來說，對照物的觀察只需短暫的時間。你可能在第一次約會就決定結束關係。

注意，當你的對照是在氣味、聲音、或是味覺上面，你的忍受度會是最低的。想想以下的陳述：

你忍受臭味的時間可以多長？
你忍受難聽音樂的時間可以多長？
你忍受難吃東西的時間可以多長？

在上述情況中，你觀察對照的時間會很短，而且會馬上搞清楚狀況。

不過在人生某些領域裡，你可能會花很多時間觀察對照：

◆ 人際關係　　　◆ 事業
◆ 健康　　　　　◆ 其他
◆ 金錢

　　一般情況下，你花在對照物上的時間越少越好。本書當中〈利用對照物釐清願望〉的章節，將協助你達到目標。

找出讓你開心的事物並加以複製。

你的目標是在生命所有範圍中限制對照

你大可以在人生的所有領域感到愉悅。這會聽起來很自私嗎？如果你知道自私只是照顧好自己，那麼自私並沒什麼不對。

自私＝照顧自己

◆ 你對自己吃的東西自私嗎？
◆ 你對自己散發的味道自私嗎？
◆ 你對自己穿的衣物自私嗎？
◆ 你對自己聽的音樂自私嗎？

我鼓勵你在人生的所有領域發揮自私，尤其是你的：

◆ 事業
◆ 財務
◆ 健康
◆ 人際關係

在這四個領域裡人們常常有很多負面情緒，而且會花很多時間觀察這些情緒，很多人甚至要花好幾年。

利用對照物釐清願望

這將有助你更清楚你的願望。

在人生中的某些重要領域，搞清楚是有幫助的：

◆ 事業

◆ 金錢

◆ 與人生伴侶的關係

◆ 友誼

◆ 工作關係

◆ 做生意的客戶

◆ 介紹生意

◆ 教育

◆ 健康

◆ 其他

接下來我們要研究兩則個案，看它是怎麼運用的。

個案研究

　　對數千名學生傳授吸引力法則課程後，我收集了許多很棒的故事，說明這個過程如何改變他們的人生。看別人的故事被書寫印刷出來，真的會讓這個工具變得活靈活現，所以我在此要列出兩則個案，代表人們常運用吸引力法則以獲取更多想要事物的兩個領域。

　　珍妮絲的例子讓你明白3步驟——釐清願望、專注自己的願望、與願望合一——可以催生一段理想的關係。葛列格的故事重點在於人生的另一項難題——金錢。

珍妮絲——感情

　　珍妮絲，34歲，受夠了自己一再吸引不合適的男性。她抱怨自己吸引到的人不是已婚有伴，就是不夠細膩，不把她當一回事。

　　珍妮絲決定利用吸引力法則來吸引理想對象。

　　她展開自主性吸引的第 1 步驟「釐清願望」，利用「對照清單」。該清單在下一頁。

　　以珍妮絲為例，她回想過去幾段關係並得以列出一大對照清單，看她在那幾段感情裡不喜歡哪些事物。

對照清單
珍妮絲
我的理想關係

那我要什麼？ →

對照物：我不喜歡的事物 (A面)	釐清願望：我喜歡的事物 (B面)
1. 控制欲	
2. 不傾聽	
3. 不體貼	
4. 不在乎我的想法或感覺	
5. 不夠外向	
6. 不喜歡旅行	
7. 總是催我	
8. 做決定不問我	
9. 不喜歡電影或跳舞	

　　珍妮絲在 A 面列出她的對照清單。她在做這項練習時回顧過去三段感情，花了幾天時間列出清單。

對照清單
珍妮絲
我的理想關係

那我要什麼？

對照物：我不喜歡的事物 (A面)	釐清願望：我喜歡的事物 (B面)
1. 控制欲	1. 有彈性、心理平衡
2. 不傾聽	2. 懂得傾聽
3. 不體貼	3. 關心、體貼
4. 不在乎我的想法或感覺	4. 問我的想法和感覺
5. 不夠外向	5. 喜歡認識我的朋友並與他們相處
6. 不喜歡旅行	6. 對自己的社會條件坦然。喜歡長、短期旅遊，喜歡一起歷險以及探索新事物
7. 總是催我	7. 有耐心、一步步慢慢來
8. 做決定不問我	8. 決定事情時會問我的想法
9. 不喜歡電影或跳舞	9. 喜歡戲劇、電影，喜歡樂團現場表演和娛樂，像是跳舞

珍妮絲看了清單上的每一項，然後問自己：「那我要什麼？」等她在 B 面寫下答案，她把 A 面的對照物一一劃掉。

　　注意：在我們舉的例子裡，珍妮絲的單子上列了 9 項。要讓這個練習發揮功能，你所列的對照物要越多越好（50 到 100 項）。你越能辨識對照物，你就越能釐清你所要的。

葛列格——金錢

葛列格，27歲，手頭有點緊。他一直抱怨錢不夠用。事實上，他說他有財務壓力。葛列格是獨立理財顧問，他在找客戶和留住客戶上面遭遇很大困難。

他決定利用吸引力法則來吸引理想的財務狀況。

「自主性吸引」的步驟始於「釐清願望」，利用「對照清單」。你可以在下一頁看到葛列格的清單。

記住，在葛列格的例子裡，我們在他的對照清單上一共列舉10項。要讓這個練習發揮功能，你所列的對照物要越多越好（50到100項）。你越能辨識對照物，你就越能釐清你所要的。

對照清單
葛列格
我的理想財務狀況

那我要什麼？ ➡

對照物：我不喜歡的事物（A面）	釐清願望：我喜歡的事物（B面）
1. 錢不夠用	
2. 一堆帳單要付	
3. 錢卡得很緊	
4. 我買不起想要的東西	
5. 錢的來源斷斷續續	
6. 從沒中過獎	
7. 賺的錢老是那麼少	
8. 家中向來有錢得來不易的問題	
9. 我繳房租一向很辛苦	
10. 錢的問題讓我感到壓力	

　　葛列格在Ａ面列出他的對照清單。他在做這項練習時回顧過去一年的個人財務狀況，花了兩小時列出這張清單。如果他要更仔細的話，花上幾天時間也不無可能。

　　注意：在這個例子裡我們在葛列格的對照清單上列舉10項。要讓這個練習發揮功能，你所列的對照物要越多越好（50到100項）。你越能辨識對照物，你就越能釐清你所要的。

對照清單
葛列格
我的理想財務狀況

那我要什麼？ ➡

對照物：我不喜歡的事物（A面）	釐清願望：我喜歡的事物（B面）
1. 錢不夠用	1. 有很多錢
2. 一堆帳單要付	2. 帳單付得輕鬆迅速
3. 錢卡得很緊	3. 錢總有剩
4. 我買不起想要的東西	4. 總是買得起我想要的東西
5. 錢的來源斷斷續續	5. 錢的來源多元而穩定
6. 從沒中過獎	6. 我常常中獎，收到餽贈與許多免費的東西
7. 賺的錢老是那麼少	7. 我有很多賺錢的管道，而且機會越來越多
8. 家中向來有錢得來不易的問題	8. 錢得來容易
9. 我繳房租一向很辛苦	9. 繳房租一向不是問題
10. 錢的問題讓我感到壓力	10. 錢是我的好朋友

　　葛列格看了清單上的每一項，然後問自己「那我要什麼？」
等他在B面寫下答案，他把A面的對照物一一劃掉。

完成你自己的對照清單

選一個你想要改變的人生領域。

在 A 面，列出所有讓你困擾的事情。比方說，如果你要列出關於理想事業的對照清單，你的表上可能包括「工時太長」或「薪水太低」。盡量回溯以前的工作來幫助自己列舉。

多花點時間完成對照表。記住，對照清單上列得越多，你就越清楚。我建議你列出 50 到 100 項。花個幾天來填表，以確保你設想周到。

等你完成了 A 面的表列，一項一項地看過一遍，然後問自己「那我要什麼？」，然後再完成清單的 B 面。

對照清單能讓你藉由列出你不要的（對照物），因而更清楚你要的（釐清願望）。等你一切都明白了，你就可以劃掉對照物。

對照清單

我的理想 _____

> 那我要什麼？ →

對照物：我不喜歡的事物 (A面)	釐清願望：我喜歡的事物 (B面)
列出你不想要的	列出你想要的

如果需要更多的工作清單，請上：

www.booklife.com.tw/upload_files/web/secret/00100155.htm。

對照清單

我的理想 _____

那我要什麼？ ➜

對照物：我不喜歡的事物（A面）	釐清願望：我喜歡的事物（B面）
列出你不想要的	列出你想要的

總結步驟 1：釐清願望

你已經完成「自主性吸引」的第 1 步驟——釐清願望。

本章節的重點

◆ 你的用語會製造正面或負面頻率。

◆ 當你使用「不」字，你反而是更聚焦在你不要的事物上。

◆ 當你聽到自己說「不」時，問自己「那我要什麼？」

◆ 當你從否定句改成肯定句，你的用字遣辭會改變，用字改變能量也跟著變。

◆ 你一次只能發出一種頻率。

◆ 改變用字就能「重新調整」頻率，記住思想是由語言組成。

◆ 對照物是指讓你不悅的任何事物。

◆ 快速地觀察對照物，心裡同時明白吸引力法則永遠會回應你發出的頻率。

◆ 利用對照物釐清。

◆ 建立對照清單時盡量多多舉例。你列舉越多對照物，你就越清楚。

　　記住，目前你只是指出自己的願望而已。你可能因為指認或是寫下自己要的事物而感到開心，你也可能有些疑惑。

　　下面的章節裡，你將繼續學習吸引力法則的第2與第3步驟。

步驟 2——專注自己的願望

注意力會增強頻率

所謂增強頻率,就是對你的願望挹注更多正面能量與關注。

光辨識你的願望是不夠的;你還要給予正面的關注力。如此方能確保你的願望和你目前的頻率一致。

吸引力法則會給你更多你所關注的事物。可是如果你清楚

了解自己的願望，卻不予以關注，它就無從彰顯。此處的關鍵是釐清你的願望並且持續給予關注。當你予以關注，你即是將願望的能量納入你現有的能量中。你現有的能量正是吸引力法則回應的對象。

某些人擅長釐清自己的願望，而後就把願望清單放一邊，再也不去關注。吸引力法則只會回應你所關注的。

本書下一章節將解釋一個概念，也就是我們身邊有一個能量圈，我們所有的現有能量都儲存在其中。你必須確保將願望的頻率納入你現有的「能量圈」（Vibrational Bubble）中。

在我的能量圈內我納入了什麼？

設想你被一個泡泡圍住，在這個泡泡裡面都是你所發散出去的頻率。吸引力法則會回應在這能量圈「內」的一切。

你的願望在你的能量圈內嗎？
有一件事情很重要，你所有的目標、理想和願望都在你的

能量圈之外。如果它們在你的能量圈之內，那表示你早就擁有並正享受其中。舉例來說，你在步驟 1 所做的釐清新願望的練習。現在你對自己的願望有新的理解，你必須讓那頻率成為你現有的頻率，因為那正是吸引力法則回應的對象。如果你列出願望清單然後又把單子收起來放抽屜，你的願望將無法彰顯，因為吸引力法則不會回應放抽屜裡的東西。它只回應目前存在你能量圈裡的東西。

在自主性的吸引的第 2 步驟中，你將學會用語言來關注你的新願望，也就是創造一個「許願文」（Desire Statement）。當你對你的願望維持一定的關注，你等於是將之納入你現有的能量圈，吸引力法則會加以回應並給予相同的東西。

你在你的能量圈內納入了什麼？

我把它納入還是排除在我的能量圈之外？

◆ 當我談論我的願望

◆ 當我注意到某樣我喜歡的東西

◆ 當我針對我的願望做白日夢

◆ 當我觀想我的願望

◆ 當我假裝我已經擁有我的願望

◆ 當我對某件事物說 YES

◆ 當我對某件事物說 NO

◆ 當我擔心某件事情

◆ 當我抱怨某件事情

◆ 當我記起正面的事物

◆ 當我記起負面的事物

◆ 當我觀察正面的事物

◆ 當我觀察負面的事物

◆ 當我考慮細想我的願望

◆ 當我拼湊我的願望

◆ 當我祈禱我的願望

◆ 當我慶祝某樣我喜歡的事物

利用下一頁的工作清單，把以上的句子加以分類。

我的能量圈——工作清單

將事物「納入」能量圈的行為	將事物「排除」能量圈的行為

下一頁會有完整的工作清單。

我把什麼納入我的能量圈？

我的能量圈——工作清單

將事物「納入」能量圈的行為	將事物「排除」能量圈的行為
1. 當我談論我的願望 2. 當我注意到某樣我喜歡的東西 3. 當我針對我的願望做白日夢 4. 當我觀想我的願望 5. 當我假裝我已經擁有我的願望 6. 當我對某件事物說 YES 7. 當我對某件事物說 NO 8. 當我擔心某件事情 9. 當我抱怨某件事情 10. 當我記起正面的事物 11. 當我記起負面的事物 12. 當我觀察正面的事物 13. 當我觀察負面的事物 14. 當我考慮細想我的願望 15. 當我拼湊我的願望 16. 當我祈禱我的願望 17. 當我慶祝某樣我喜歡的事物	你看得出來每件事物被納入的原因嗎？

　　注意：當你對某樣事物說「不」，你正好給予它注意力。
在那一刻，它就被納入你的能量圈。任何事物只要被你注意
到，就會被納入能量圈。

兩個提升能量、強化願望的工具

讓吸引力法則生效的關鍵之一，是讓你的願望保持在你現有的頻率當中，也就是你的能量圈內。

在接下來幾頁中，我會解釋「肯定」這項因素能否助你將願望納入你的能量圈內，我將提供一個很棒的工具，協助你重述你的肯定，使其成為一種助力。此外我還要介紹我稱之為「許願文」的工具。此項有效的工具將確保你的新願望被納入並保持在你的能量圈內。這對容易被忽略的新願望特別有幫助。

首先，我要解釋為何「肯定」這項因素不一定能提升你的頻率。

為何「肯定」這項因素未能提升你的能量

肯定是一種用現在式語態的陳述,用來宣布你的願望。當你說「我擁有一個快樂、苗條的身體」,這就是一個正面的肯定陳述。

每次你讀到自己的肯定句,你的反應要看你對字面產生的感覺。記住,吸引力法則會回應你依感覺所產生的頻率,而不是你的用字。比方說,當你對自己說你擁有一個快樂、苗條的身體,實際上你沒有,或者是你覺得做不到,這時你會產生負面頻率。你會發出一種懷疑的頻率(負面頻率),吸引力法則會回應給你更多負面的東西,即使你不想要。

一個正面的肯定句也可能導致產生負面頻率。大多數的肯定陳述沒有用，是因為吸引力法則不會回應文字——它回應的是你對所用字眼的感覺。

接下來，你會看到正面肯定句的列單。讀完每一項陳述後，問自己發出何種能量，正面還是負面。

+	−	能量
☐	☐	我所有的家人關係都很和諧。
☐	☐	我愛我的身體。
☐	☐	我是百萬富豪。
☐	☐	我的生意興盛。
☐	☐	我身體健康。
☐	☐	我有完美的人生伴侶。

問：這些肯定句何時會提供正面頻率？

答：當句子的內容成真。

　　當你說了一件對你而言不是眞實的事情，你會發出負面頻率，因爲該陳述會引發你心中的質疑。當你說出肯定句時，你心裡會想：

◆ 那不是眞的，我的家人關係並不和諧。
◆ 那不是眞的，我不愛我的身體。
◆ 那不是眞的，我還不是百萬富豪。
◆ 那不是眞的，我的生意不好。
◆ 那不是眞的，我沒那麼健康。
◆ 那不是眞的，我沒有理想的人生伴侶。

　　使用肯定句的關鍵是內容屬實，你才會感到快樂。接下來，我要提供一種工具助你重造肯定句，讓句子內容「永遠」屬實，因此有助你發散正面頻率。

吸引力法則回應你對自己所言、所思的感受

工具 1：重造肯定句讓它感覺更棒

你們當中有些人學過要用現在時態陳述肯定句。這裡我要建議你用「中途式」（the current tense）。從你開始想你的願望、談你的願望、寫下你的願望、或是注意到你的願望時，你就已經上路了（在彰顯的途中）。所以實際上你已經在彰顯的道路上。當你說「我正在……」，這就成為真實的敘述。既然是事實，你就會感覺美好——因它是一種正面的頻率。

我們重新來看看前一頁的陳述，改成以下的方式起頭：

我正在……的道路上

◆ 我正在創造理想家人關係的道路上。
◆ 我正在越來越喜歡我的身體的道路上。
◆ 我正在變得越來越富足的道路上。
◆ 我的生意正在越來越好的道路上。
◆ 我的健康正在趨向理想的道路上。
◆ 我正在吸引理想的人生伴侶的道路上。

現在每一句話對你而言都是真的！當你說的話是真的，你會感到愉悅。只要感到愉悅，你就會發出正面頻率，吸引力法則就會給予更多正面回應。

工具 2 ：許願文

許願文是一種提升能量的有效工具，也是刻意吸引 3 步驟
當中的第 2 步驟。一旦你清楚你要什麼，寫下一個許願文有助
你把焦點聚集在該願望上。記住，吸引力法則回應你所注意
的，並給你更多，而許願文正是幫助你的工具。

比如，你可能會說「我要擁有自己的家」。在當下，吸引
力法則會為你製造機會和事件。如果你跟其他多數人一樣說出
你買不起的話來阻撓自己，這時你發出的是匱乏的頻率，吸引
力法則回應你的就是匱乏。

等你把自己的許願文寫好，你會感到興奮、覺得有可能也
有希望，這是你的頻率升高的跡象，你從自身的感覺就可以辨
識。

許願文有三個元素：

◆ 開場句

◆ 主要內容（第 1 步驟當中釐清出來的願望）

◆ 結尾

接下來的章節，你將學到如何利用這3個元素來創造你的許願文。

許願文——開場句

我正在吸引所有必要的一切，以吸引我的完美願望。

許願文——主要內容

利用釐清出來的願望內容，與以下的句子結合：

我樂於明瞭我理想的 ＿＿＿＿＿＿。

我喜歡 ＿＿＿＿＿＿的感覺。

我決定 ＿＿＿＿＿＿。

越來越 ＿＿＿＿＿＿。

我很興奮 ＿＿＿＿＿＿。

我喜歡 ＿＿＿＿＿＿的想法。

我想到 ＿＿＿＿＿＿就興奮。

我喜歡看到自己 ＿＿＿＿＿＿。

例句：

◆ 我樂於明瞭我理想的伴侶跟我住在同一城市。

◆ 我喜歡為了我的生意去存款的感覺。

◆ 我想到跟理想伴侶去旅行就興奮。

◆ 我喜歡擁有滿滿的客戶群的想法。

◆ 我喜歡看到自己選擇健康食物。

上述句子允許你暢談自己的願望，同時讓你知道那是真實的。你「真的是」喜歡知道，或是喜歡某種想法，或是喜歡看到自己如何如何。現在你正把關於你的願望的正面頻率納入你的能量圈。「理想」一詞在這裡很重要。提到理想的伴侶、健康或是事業時，表示你「正在」談論它，使之成為你目前的頻率。請記得，許願文的目的是幫助你將新的願望納入你的能量圈。

你可以感受到以下的頻率差異嗎？

我樂於明瞭我「理想的」兩性關係正在茁壯、提升中。

以及

我的感情正在茁壯、提升中。

在第一個陳述裡，你說的是你「理想的」兩性關係會茁
壯、提升，說這句話時你可以是有對象的或是沒對象。你的頻
率是正面的。你不是在說你現在擁有「理想的」兩性關係，你
只是在說你知道「理想的」兩性關係的定義。第二個陳述是說
你已經擁有茁壯、提升的感情。如果那不是真的，你會有所質
疑，導致發出負面頻率。

許願文──結尾

吸引力法則會加以作用，讓我的願望成真。

完整許願文的例子

在你寫下你的許願文前，我們再來看看珍妮絲與葛列格的
例子。記住，珍妮絲與葛列格的第一步是建立對照物（不喜歡
事物）清單，讓他們清楚自己的願望。我在此列出他們的對照
清單，讓大家看清楚他們是如何建立自己的許願文。

對照清單
珍妮絲
我的理想關係

那我要什麼？

對照物：我不喜歡的事物（A面）	釐清願望：我喜歡的事物（B面）
1. 控制欲	1. 有彈性、心理平衡
2. 不傾聽	2. 懂得傾聽
3. 不體貼	3. 關心、體貼
4. 不在乎我的想法或感覺	4. 問我的想法和感覺
5. 不夠外向	5. 喜歡認識我的朋友並與他們相處
6. 不喜歡旅行	6. 對自己的社會條件坦然。喜歡長、短期旅遊，喜歡一起歷險以及探索新事物
7. 總是催我	7. 有耐心、一步步慢慢來
8. 做決定不問我	8. 決定事情時會問我的想法
9. 不喜歡電影或跳舞	9. 喜歡戲劇、電影，喜歡樂團現場表演和娛樂，像是跳舞

　　為了建立自己的許願文，珍妮絲拿出了願望內容列表，填入許願文內。

珍妮絲的許願文
我的理想關係

開場句

我正在吸引所有必要的一切，以吸引我的理想愛情。

主要內容

我喜歡當我明白我的理想對象是一個有彈性又平衡的男人的這種感覺。他很懂得傾聽又喜歡對話。

我喜歡當我明白我的理想伴侶是一個體貼、敏感又會關心我感受的男人的這種感覺。做決定的過程中我喜歡被徵詢。

我樂於明瞭我的理想對象會很樂意，並願意在社交場合認識我的朋友。我的伴侶與我喜歡一起做短期與長期旅行，體驗讓我倆更為親近的旅程和假期。

我決定我的理想伴侶要有耐心、愛心、溫柔，並懂得等待時機成熟。我喜歡被自己理想的伴侶問到自己的感受和想法，

雙方進行平等的對話。我喜歡問對方的意見，也喜歡被徵詢意
見。

　　我想到可以與理想伴侶去看戲劇、電影、現場娛樂與舞蹈
演出就非常興奮。我喜歡他愛慕我，我也喜歡他喜歡被我愛
慕。他要樂觀，而且喜歡被提升。他支持我，也願意被我支
持。

結尾
　　吸引力法則已展現作用，正爲實現我願望的一切所需，精
心安排著。

對照清單

葛列格

我的理想財務狀況

那我要什麼？➡

對照物：我不喜歡的事物 (A面)	釐清願望：我喜歡的事物 (B面)
1. 錢不夠用	1. 有很多錢
2. 一堆帳單要付	2. 帳單付得輕鬆迅速
3. 錢卡得很緊	3. 錢總有剩
4. 我買不起想要的東西	4. 總是買得起我想要的東西
5. 錢的來源斷斷續續	5. 錢的來源多元而穩定
6. 從沒中過獎	6. 我常常中獎，收到饋贈與許多免費的東西
7. 賺的錢老是那麼少	7. 我有很多賺錢的管道，而且機會越來越多
8. 家中向來有錢得來不易的問題	8. 錢得來容易
9. 我繳房租一向很辛苦	9. 繳房租一向不是問題
10. 錢的問題讓我感到壓力	10. 錢是我的好朋友

葛列格的許願文
我的理想財務狀況

開場句

我正在吸引所有必要的一切，來達成我的理想財務狀況。

主要內容

我喜歡當我明白理想財務狀況可以讓我擁有、享受我想要的，並讓我的生命更快樂、更自在的感覺。

富足是一種感覺，我喜歡四周都充滿富裕的感覺。而且我樂於明白我是用喜悅的心來付帳款，明白那是人與人之間的一種交換，而這交換是用錢來支付的。

一想到我一直有錢從已知和未知的來源不斷進來，我就很興奮。

我喜歡當我明白我的理想財務狀況可以讓我隨時去旅遊、隨時去購物、擁有會讓我快樂的東西時的感覺。

我越來越常收到禮物、贏得獎品、得到我需要的東西，不管是從已知或未知的來源。

我喜歡把錢存下來做最佳投資的想法。

結尾
吸引力法則會加以作用，讓我的願望成真。

如何創造你的許願文

現在輪到你來做你的許願文。

利用你釐清出來的願望結果，在後面的練習紙上寫出你的許願文的主要內容。

我已經提供你開場句和結尾句。你只要寫出句子重點。利用下面的句型來幫助自己描述你的理想願望。

我樂於明瞭我理想的 ＿＿＿＿＿＿＿＿。

我喜歡 ＿＿＿＿＿＿＿＿的感覺。

我決定 ＿＿＿＿＿＿＿＿。

越來越 ＿＿＿＿＿＿＿＿。

我很興奮 ＿＿＿＿＿＿＿＿。

我喜歡 ＿＿＿＿＿＿＿＿的想法。

我想到 ＿＿＿＿＿＿＿＿就興奮。

我喜歡看到自己 ＿＿＿＿＿＿＿＿。

後面有兩張空白練習紙，如果需要更多練習紙，請上：

www.booklife.com.tw/upload_files/web/secret/00100155-1.htm。

許願文練習紙

許願文

我理想的 _____

我正在吸引所有必要的一切，以吸引我的理想 _____。

_____

_____

_____

_____

_____

_____

_____

_____

吸引力法則會加以作用，讓我的願望成真。

許願文練習紙

許願文

我理想的 _____

我正在吸引所有必要的一切，以吸引我的理想 _____。

_____

_____

_____

_____

_____

_____

_____

吸引力法則會加以作用，讓我的願望成真。

我怎麼知道我做對了沒？

　　寫下你的許願文後，回去再讀一讀內容。接著問問自己有何感受。你是否聽到一點否定的聲音，或是覺得有點不舒服？你的許願文讓你覺得很棒嗎？如果沒有，重新修改你的語句直到你覺得讀起來好一點（提升你的頻率）。記住，許願文的目的是提高你的頻率，讓你可以把新的願望納入你的能量圈內。

總結步驟2：專注自己的願望

你已經完成自主性吸引的第2階段——專注自己的願望。

以下是我們在這一章節講過的重點

◆ 你的能量圈包含你全部現有的頻率。

◆ 你必須將新願望的頻率納入你現有的能量圈。

◆ 許願文幫助你將你的願望頻率納入能量圈內。

◆ 步驟2的目的是讓你專注自己的願望。

◆ 專注自己的願望就會提升你的頻率。

◆ 當陳述非屬實時，你的肯定句可能不會讓你感到愉快。

◆ 吸引力法則回應的是你對肯定句的感受。

現在你完成了吸引力法則公式裡的步驟1與步驟2，該是運用步驟3的時間了——「與願望合一」。

步驟 3 ── 與願望合一

這一切與願望有關

現在你們有人可能會說：「我以前有過讓我很興奮的願望，但是從來沒有結果。」記住，自主性的吸引是三個步驟的過程。

你釐清你的願望並給予關注。自主性吸引的第 3 個步驟是與願望合一。我們現在就開始。

　　與願望合一指的是不要有負面頻率，懷疑就是一種負面頻率。與願望合一是自主性吸引中最重要的步驟。我有一個客戶丹尼，他問我爲何他吸引不了自己的願望。他製作了一張關於理想客戶的絕佳釐清表，並且做了一個讓他感覺很棒的許願文。但是爲何他事與願違呢？

　　這個過程沒有生效，是因爲光只是釐清願望以及冀求願望實現是不夠的。他還必須移除願望周邊的一些懷疑。把懷疑移除的步驟就是與願望合一。

　　你可能聽過有人說「就讓它這樣吧」。光只是說並不會達到效果。如果你懷疑你是否可以擁有某樣東西，你會發送出負面頻率。這個負面能量會減弱或是取消你願望的正面頻率。換句話說，擁有強烈的願望（正面頻率），與擁有強烈懷疑（負面頻率），是會互相抵消的。所以，要去除懷疑就得與願望合一。

與願望合一就是移除負面能量（懷疑）。

以下的話語代表你正與願望合一：

◆ 「喔，真是鬆了一口氣！」
◆ 「你知道，或許我可以擁有它。」
◆ 「現在看起來有可能。」

上面三個句子裡，你實際上所描述的是負面能量被移除的感覺。

大多數人認為吸引力法則裡最困難的步驟是與願望合一。它不是最難的步驟；只是最不為人所懂。大部分的人不知道如何與願望合一，當他們聽到人家說「就讓它這樣吧」反而很挫折。

在本章節裡，我要教你工具，協助你與願望合一。

與願望合一的遊戲

以下用一個簡單的兒童遊戲來幫助你了解與願望合一的重要性。

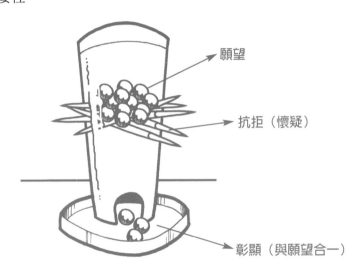

願望

抗拒（懷疑）

彰顯（與願望合一）

這個遊戲的玩法是這樣的。透明圓筒裡有竹棒交錯，上面擺了彈珠。竹棒代表抗拒／懷疑，彈珠代表願望，而掉下來的彈珠代表彰顯／與願望合一。

在遊戲過程中，有些竹棒會被抽掉，讓彈珠掉到圓筒下方。

就像圖示一樣，彈珠掉下來的唯一方法是抽掉竹棒。同樣的，擁有強烈的願望是不夠的，唯有當你的抗拒被移除，願望才能彰顯出來。你的抗拒／懷疑越快被移除，你的願望越快實現。

換句話說，吸引力法則實現你願望的速度和你與之合一的速度成正比。

以下是幾個你要思考的問題：

擁有強烈的願望會讓你的願望更快實現？
你是否需要移除所有的懷疑才能讓你的願望實現？

以下圖示將回答這兩個問題。

也就是說，吸引力法則回應你的願望的速度和你和願望合一的速度成正比。

合一的力量

　　擁有強烈的願望與強烈的懷
疑，代表你的願望不會顯現。

　　擁有強烈的願望與一絲絲懷
疑，代表你的願望會實現，但是
慢慢地。

　　擁有強烈的願望而沒有懷疑，
代表你的願望會很快實現。

雖然臉上笑笑地，但是這些買彩券的人對於中獎都有懷疑。

如果你擁有強烈的願望與強烈的懷疑，你的願望會延緩實現，如果真的會實現的話。你彩券（願望）中獎的速度，端看你懷疑的程度。你懷疑嗎？

✦

吸引力法則回應你願望的速度和
你與願望合一的速度成正比。

✦

負面能量來自何處？

最常見的懷疑（負面頻率）是來自於你自身受侷限的信念。

何為受侷限的信念？

受侷限的信念指的是一種你一而再、再而三不斷重複的想法。當你的想法是受侷限的時候，你發出的是負面頻率。那種負面頻率會阻撓你吸引你的願望。「我得辛苦工作賺錢」這句話顯示了匱乏，反而阻止你得到你想要的。

如何認知你受侷限的信念？

要辨識受限想法有個簡單方法。他們通常出現在「因為」後面，比方說「我做不到是因為……」

以下是幾個例子：
* 我想寫書，但我做不到是「因為」我沒有大學文憑。
* 我想創業，但我做不到是「因為」我太老了。
* 我想苗條點，但我做不到是「因為」我家都是胖子。

＊我想找個理想伴侶，但我做不到是「因為」我太肥、太老或是太害羞等等。

　　我們再回去看珍妮絲與葛列格的例子。珍妮絲的願望是吸引理想的感情。她發現自己會說自己做不到是「因為」她太老。而葛列格發現自己會說自己沒辦法有錢是「因為」他家窮。

　　你的侷限信念是什麼呢？當你發現自己說「因為」時，你就找到了一個受限的信念。

　　在本章節，你會學習到如何使用工具，幫助自己改變受限的信念。

　　　　　　　合一就是移除負面能量。

懷疑是一種負面頻率，而懷疑通常來自受侷限的信念。

與願望合一的工具

　　與願望合一的工具有幾樣。我們第一個要探討的是「合一的話語」（Allowing Statements），它的目的是要減少或移除任何阻止你得到你所要之物的懷疑。說出合一的話語後，你會感到輕鬆。也就是說，你會相信你真的會吸引你想要的。相信就是去除懷疑，就是一種信心。

兩個知道自己與願望合一的方法

　　記住，與願望合一就是移除負面頻率，有兩個方法足以檢驗你是否與願望合一：

- ◆ 首先，你可以從你的感覺來辨識。當你移除一種抗拒的負面感覺，大多數人會感到輕鬆或是說：「喔，這下感覺舒服多了！」
- ◆ 第二種辨識方法是注意生命中的彰顯的跡象。當跡象出現，你就知道你正與你的願望合一。

　　接下來你會學到如何把想法轉成正面。不斷讓這些正面想

法在腦裡打轉將可產生新的想法。記住，受侷限的信念只是一種你不斷重複的想法，而想法是可以被改變的。

創造合一話語的公式

當你聽到自己說出一個受侷限的信念時（或是有所懷疑），你可用下列公式幫忙製造一個合一的話語，來減低或是移除你的懷疑。

寫下自己的合一話語很容易。

◆ 先問你自己，有沒有哪個人目前正在做你想做的或是擁有你所想要的？

◆ 如果有，目前有多少人今天做到了？昨天？上週？上個月？去年？

◆ 用第三人稱寫下你的話語，因為提到你自己的話可能引起更多懷疑。

◆ 注意你的話語要可信。

以下是如何依據受限的信念來創造合一的話語。

受限的信念 1：

我想苗條點，但我做不到是因為我家都是胖子。

問題：地球上有沒有哪個人的身材跟家人不一樣的？

答案：有的。

問題：如果有，那今天有多少人是這樣的？昨天？上週？上個月？去年？

合一的話語：

成千上萬的人，即使在我家附近，有著與家人不一樣的身材。地球上有幾百萬人的身材比他們的父親或是兄弟苗條。（注意：這個句子是用第三者角度寫的，避免提到你自己。）

受限的信念 2：

我想創業，但我做不到是因為我五十歲了！

問題：地球上有沒有哪個人年紀跟我一樣還開始創業？

答案：有的。

問題：如果有，那今天有多少人是這樣的？昨天？上週？上個月？去年？

合一的話語：

　　現在有很多五十幾歲的人開創並成功經營事業。五十歲（以上）的成功老闆數以百萬計。

　　用第三人稱寫下你的話語，因為提到你自己的話可能引起更多懷疑。

　　現在再來看看珍妮絲與葛列格如何創造他們的合一話語。

　　你們應該會記得，珍妮絲受夠了自己老是吸引到不適當的對象。她抱怨自己吸引到已經有伴的、不體貼、不以她優先的男人。

　　珍妮絲用自主性吸引的方法來幫助自己吸引理想的感情模式。她知道自己要什麼，並已經使用許願文。因為這是她的新願望，她必須降低懷疑才能接收。所以她做了一個合一話語。

珍妮絲的合一話語
我的理想感情

◆ 上個月有幾百人邂逅自己的理想對象。

◆ 今天有上千人跟可望成為理想終身伴侶的人初次約
會。

◆ 今天有成千上萬對情侶相處得很開心。

◆ 上百萬對情侶感情融洽。

◆ 每天都有越來越多人吸引到自己的理想對象。

◆ 上百萬對情侶一起從事社交活動，包括旅行和休假。

◆ 本週會有成千上萬對情侶去跳舞。

　　珍妮絲讀了她的合一話語後，她開始充滿希望並降低懷
疑。現在起，吸引力法則將為珍妮絲帶來理想伴侶。

　　記得葛列格嗎？他是獨立理財顧問，收入卻入不敷出。他一直抱怨錢不夠用。事實上，他覺得自己的財務狀況非常有壓力。

　　葛列格用自主性吸引的方法來幫助自己吸引理想的財務狀況。他知道自己要什麼，並已經使用許願文。因為這是他的新願望，他必須降低懷疑才能讓願望實現。所以他做了一個合一話語。

葛列格的合一話語
我的財務狀況

◆ 今天有幾百萬人收到支票。

◆ 每天有幾十億的資金在各銀行帳戶流通。

◆ 這一分鐘有人正好收到支票。

◆ 每天有成千上萬人贏得獎品和獎金。

◆ 昨天有人變成百萬富翁。

◆ 每天都有人繼承大筆遺產。

◆ 今天有人撿到錢。

◆ 越來越多人以創意方式賺得更多收入。

　　葛列格讀了他的合一話語後，開始充滿希望並降低懷疑。現在起，吸引力法則回應葛列格，帶來理想財務狀況。

如何做出你自己的合一話語

現在該你創造自己的合一話語。當你做出懷疑的陳述時,你就該使用合一話語。把你的懷疑列表。你可能聽到自己說:「我做不到是因為……」或是「那不會發生在我身上是因為……!」你可以用下一頁的清單來建立自己的合一話語。

步驟 1:揭開懷疑

反覆讀你的許願文,藉此來找出你的懷疑之處。比方說,如果你的許願文,你的理想工作是一週工作四天,而你心裡聽到一個微弱的聲音說:「那是不可能的,因為……」那就寫下你的懷疑。

步驟 2:問你自己問題

問自己目前有沒有人做了你想做的,有了你想有的。如果有,有多少人今天做到了?昨天?上週?上個月?去年?

步驟 3:用第三人稱敘述

用第三人稱寫下你的話語,因為提到你自己的話可能引起更多懷疑。注意你所說的要可信。

合一的話語

我理想的 _____

如果需要更多練習紙，請上：

www.booklife.com.tw/upload_files/web/secret/00100155-2.htm 。

有兩個知道自己「與願望合一」的方法。
首先，你會感到輕鬆，常常聽到自己說：
「喔，這下感覺舒服多了。」
第二，你看到生命中出現彰顯的跡象。

更多與願望合一的工具

除了合一話語外，還有以下的工具。

1. 慶祝證明（證據）
2. 記錄吸引力法則的證明
3. 欣賞與感激
4. 使用「我正在……的道路上」
5. 使用「我決定……」
6. 使用「很多事情可能會發生……」
7. 尋求資訊
8. 製作願景箱（Attraction Box）
9. 製造一個空間
10. 讓吸引力法則自行運作

✦

記住，沒有懷疑，願望才會加快實現。

✦

工具1：慶祝證明（證據）

記住，想要願望彰顯，你得移除懷疑。懷疑是阻止願望迎向你的主因。移除懷疑的最佳方法是找尋證據。例如，科學家只相信被驗證過的事物。大多數的人看到有人向我們證明了什麼事情，都會說「好吧，我現在相信了。我看到證據了。」以下是如何有利地運用證明（證據）。

你是否注意到當你想要的東西開始出現在你的生命中，即使只有一丁點，你也很興奮？比如，你吸引了一點點你一直在尋找的資訊，或是你遇到條件接近你理想對象的人或是你的理想客戶。這些都是吸引力法則在你人生中作用的證明（證據）。

如何觀察吸引力法則的證明（證據）是很重要的。有時候，人們可能會說「喔，這不完全是我想要的。」或是「他不真的是我在找的人。」或者是「是有點接近但不是。」說這些話或是這樣想，會製造負面頻率。

　　當你發現、體驗吸引力法則的證明（證據）時，你要感到開心，因為你要知道你已經離自己想要的不遠了。慶祝的心情會讓你發出更多願望的頻率，在那一刻，吸引力法則會回應你的能量。記住，吸引力法則不管你是在回憶、假裝、玩樂、創造、抱怨或是擔心。它只會回應你的頻率，給予你更多相同的東西。所以尋找證據並慶祝吧！

　　正在利用吸引力法則以吸引理想對象的珍妮絲就是一個好例子，我們看她如何減少懷疑。

　　珍妮絲完成許願文並開始使用與願望合一的工具後不久，她遇到一個到她住的城市拜訪的男人。他們一見鍾情。他們有很多相同點，包括喜歡音樂、戲劇和電影。她對他的良好溝通技巧和樂觀印象深刻。三天後，珍妮絲打電話給我，我聽得出來她有點失望。她花了很多時間精力描述她的失望，因為他來自另一個國家（因此，她把自己不想要的東西納入自己的能量圈內）。不過我知道他很接近她的理想條件，她只是不承認。我的工作是幫她把速配這件事納入她的能量圈。

以下是我把工具 1 用在珍妮絲身上的過程。我只是讓她把這段新關係中使她感到興奮的事情通通說出來。換句話說，就是在許願文裡面讓她覺得很棒的事情。她很快列了張表，上面有他的良好溝通技巧、他對音樂、戲劇、電影的喜好、他的價值觀、以及她跟他在一起時的愉快。珍妮絲在列表的同時可以感受到自己的頻率上升。發現並且慶祝速配這件事情立刻轉換了她的頻率。當珍妮絲開始回想並且注意到速配這件事情時，她等於再度將頻率納入她的能量圈。

　　你也知道吸引力法則是會有所回應的！

工具２：記錄吸引力法則的證明

寫日記或是吸引力法則證明簿將有助於你更相信、更興奮、更合一、更信賴。不管彰顯的程度有多大（比方說你撿到十塊錢或是贏得一個獎），如果那是你要的，記錄下來吧！記錄證明，你就可以提高能量。

尋找證明有助減少懷疑。請記住，隨時隨地只要有證明，當下那一刻，所有的懷疑就會不見。你應該聽過自己說過：「這下我可信了！」

記錄了幾頁證據之後，你會明白吸引力法則真的在你的人生起作用。等你更有意識地使用吸引力法則，你會更加確定，更加相信與願望的合一，從此降低懷疑（抗拒）。記得，沒有懷疑，願望才會加快實現。

所以只要你對吸引力法則有懷疑，你只要翻翻你的證明簿。閱讀你的證明簿將可提醒你過往證據的存在，進而降低或移除你的懷疑。

證明簿的範例

日期：＿＿＿＿＿＿＿＿＿＿

今天我看到以下的證明（證據）

有人在停車收費器留下錢。	免費的停車券。
今天有人請我吃午餐。	咖啡店有試喝活動。
買一樣東西打七折。	吃晚餐時有人給予免費建議。

證明簿

日期：＿＿＿＿＿＿＿＿＿＿

今天我觀察到以下的證明（證據）

證明簿

日期：_____

今天我觀察到以下的證明（證據）

證明簿

日期：_____

今天我觀察到以下的證明（證據）

如果需要更多練習紙，請上：

www.booklife.com.tw/upload_files/web/secret/00100155-3.htm。

艾佛的證明簿

　　我是屬於分析型性格的人（我從事金融業），所以我覺得自己是最不可能跟吸引力法則扯上關係的人。但是透過麥可的指導，我學會如何改變想法，接受新的觀念。接著神奇的事情就發生了。我開始對我以前會擔心的生意情況採取樂觀的方式。當我刻意把自己的頻率從擔憂轉成正面、愉快的心情，我發現我會得到結果，而且很快。若我決定一天內要見三個新客戶，它就會發生！我會用證明簿記錄吸引力法則對我顯現的情況，包括大大小小的成功例證。我會記下我如何成功地獲取保證人、新客戶、付清一筆帳單或是獲取大進帳等等。每當我需要提高我的頻率，我會常常回去翻我的證明簿，提醒自己吸引力法則有多麼強大。

　　　　　　　　　　　　——艾佛・約翰（Ivor John），理財顧問

記住，吸引力法則不管你是在
回憶、假裝、玩樂、創造、抱怨或是擔心，
它只會回應在你能量圈內的東西。
所以，尋找證據並慶祝吧，發出正面頻率。

工具3：欣賞與感激

欣賞與感激協助你發出強大的正面頻率。當你正在欣賞某樣東西，你會發散一種純粹愉悅的感覺與頻率。想想你曾經對人表示感謝的情況。你當下的感受是正面的。

想維持正面頻率的一個有效辦法是記錄下你的欣賞與感激。當你刻意花時間每天去欣賞與感激，你會特別發出強烈、正面的頻率，並將之納入你的能量圈內。

你可以花時間欣賞與感激任何事物，重點是隨著欣賞與感激而來的感受。

想找理想對象的珍妮絲，她有本欣賞與感激記錄簿，提供她回想以前有過的美好關係。以下是幾個珍妮絲的感激內容：

◆ 我很高興本週自己跟幾位新朋友去郊外走走。
◆ 我喜歡今天跟幾位好友共進午餐。
◆ 我喜歡我的好友們關心我。
◆ 我喜歡結交很多朋友。

　　當珍妮絲每天寫下感激的話語，她就會發散正面的頻率。在當下，吸引力法則會給予回應，給她更多與她發散頻率相同的東西。

✦

花點時間欣賞與感激任何事物。
重點是隨著欣賞與感激而來的感受。
欣賞與感激協助你發出強大的正面頻率。

✦

工具 4：使用「我正在……的道路上」的表述

有時候你很難相信自己可以心想事成，尤其是當你一直專注在你沒有達成目標的那個點上。當你一直想著你沒有的東西，你會發出負面頻率。所以你要放輕鬆，你要說：「我正在……的道路上。」

當你說你沒有什麼的時候，等於是專注在缺乏上，你便會發出負面頻率。當你發現自己正在說這樣的話的時候，停！改說：「我正在……的道路上。」

有些人可能會說：「大家不都是正在……的道路上嗎？」是的，大家都是正在的路途中。吸引力法則永遠都交織在許多情況與事件中，回應你的頻率，給你更多相同的東西。不管你吸引什麼東西，只要它顯現了，你就會又產生新的願望，然後回歸到彰顯的道路上。

當你想到一個新的願望，當你去談論、寫下來、記在日曆上或是用便條紙貼在冰箱上，就表示你開始這個過程，因為不

管用上述任何方式，你都是爲新願望注入你的關注。所以這當然是眞的，你正在……的道路上！

以下是運用「我正在……的道路上」的範例。

過去：我還沒吸引到我的理想對象。
◆ 我正在吸引理想對象的途中。
過去：我還在等待我的理想工作。
◆ 我正在找到理想工作的途中。
過去：我還沒達到我的理想體重。
◆ 我正在達到理想身材的途中。

當你懷疑自己達不到目標或是想要實現你的願望時，記得使用這樣的句型。

工具5：使用「我決定……」的表述

另一種讓你散發正面頻率的重新造句法，就是使用「我決定……」的表述。你是否注意到大多數時候你說「我決定……」時，會有巨大正面頻率產生。「我決定要這個。」或是「我決定要做那個。」大多數人很少使用「決定」一詞，不過這是一個讓你不再專注於欠缺之上的絕佳方法，讓你重新關注你的願望。

◆ 我決定我這一生要更有錢。
◆ 我決定一週要工作三天。
◆ 我決定要擁有一個快樂、健康的關係。
◆ 我決定要自己創業。
◆ 我決定要吸引我理想的工作。

你可能注意過，有些人經歷對照情況時會大聲宣稱「夠了！從現在起我決定我要這樣做！」所以決定其實就是做一個決定，讓你發出你想吸引某樣事物的頻率。

請經常做決定。每次決定時，你會感受到當下釋放出正面的情緒。

工具6：使用「很多事情可能會發生……」的表述

　　我有個客戶叫做傑森，他利用吸引力法則吸引理想客戶。從他的話裡我可以聽出他正設法決定他的下一個大客戶來自何方。他說：「我好像已經等了好久好久，到底何時才會發生？」儘管傑森完成了整個3步驟，他心中還是有些懷疑。他所做的關於下一個客戶的陳述散發出象徵缺乏（懷疑）的負面頻率。

　　傑森花了很多精力弄清楚為何他得不到他想要的，而且他發現自己達不到目標。你可能跟傑森一樣，已經發現自己沒達到目標。

　　以下是我問傑森的問題，以幫助他從他認為達不到目標，轉移到有可能達到目標。

◆ 接下來幾天很多事情可能會發生嗎？
◆ 接下來一週很多事情可能會發生嗎？
◆ 接下來三十天很多事情可能會發生嗎？

　　所有的問題傑森都興奮地回答「是的」。當我提醒傑森「很多事情可能會發生」時，我看得出來他鬆了口氣。這個經驗提醒他以前當他懷疑時，確實也有很多事情發生過。使用這種與願望合一的句型協助傑森把頻率從匱乏轉為富裕，或是說由負面轉成正面。

　　從現在起，每當你想到你欠缺何種結果，請專注在「很多事情可能會發生」的可能性上。

工具 7：尋求資訊

通常，當我們定義我們的願望，並對吸引所求感到興奮時，我們心中的懷疑會阻擋吸引力法則將我們想要的帶來給我們。例如，如果你的願望是擁有滿滿的客戶群，你可能會懷疑有無可能性。不過你心裡可以欲求獲得有助你達到目標的資訊。試試看。如果你詢問資訊後覺得有所幫助，你就會降低懷疑，這樣吸引力法則就會把你想要的快點帶給你。

範例：我想吸引更多資訊，好展開我的新願望。

◆ 我想開始吸引資訊，好展開新願望。
◆ 我希望吸引力法則給我一些新的資訊，讓我的願望得以實現。
◆ 我想吸收更多關於做生意的資訊和想法。
◆ 我想要關於新生意管道的資訊。

我們對於接收資訊較不抗拒，所以資訊的湧入很快，因為沒有負面頻率會阻礙它。

其中一種最好的辦法，是我用在葛列格財務狀況上的技巧。完成3步驟後，他還是對於得到自己所想要的感到懷疑。

我就請葛列格採取第1步。也就是說，去要求或是接收有助他發財的訊息。葛列格馬上興奮地說：「哇，真是好的開始！我可以吸引有助於我吸引更多錢的訊息。那正是我要的，我做得到！」

工具 8：製作願景箱

　　願景箱是用來收集代表你願望的東西：你從報章雜誌上剪下來的東西、你想去的旅遊地簡介、或是你想共事的人的名片。

　　你的願景箱可以是任何一種容器，它可以簡單如鞋盒或是精緻如珠寶箱。

　　每次你把一樣東西放進願景箱，你等於是放進一個希望，希望就是正面頻率。你不是把目錄或是傳單扔掉，嘴巴上說：「我買不起」或是「我永遠也得不到」。你現在是與它合一。你這樣做是因為願望何時何地成眞不是你的工作。你只要把它放進願景箱，其他就交給吸引力法則了。

工具9：製造一個空間

空間或真空永遠等待被填滿。

舉例來說，你正在找新的客戶。你在檔案櫃挪出空間放新客戶資料的動作，即使只是寫上新客戶、放入空的資料夾，你做到兩件事情：你表明想吸引新客戶的意圖，同時也製造有待填滿的空間。與其說「我在等新客戶」或是「我只有一點客戶」，不如說「我有容納新客戶的空間」。你聽得出來這樣說有多樂觀嗎？有沒有感覺好一點？

有些空間可以自主地製造出來。比方你去行事曆上記下「今天有新客戶」或是「今天有新的會面」或是「新銷售在今天」。這樣你就創造了吸引這些東西的空間和意圖。等你看到你的行事曆，你會提醒自己在那些的日子裡想要吸引什麼，因此會提高注意力。

另一種空間是無意發生的，那是當客戶取消的時候。當有客戶取消，大多數人會抱怨或是擔憂，花太多時間關注在取消

本身，因而給予更多負面頻率。你可以藉著說「我正好挪出一個空間吸引新客戶」或是「我剛好有空間企劃新的生意」來改變頻率。

　　那麼，這就是與願望合一！

工具 10：讓吸引力法則自行運作

有時候一想到你的願望以及你爲了如願所要下的工夫，你可能會覺得有些壓力。其實不必怕，因爲吸引力法則會把結果帶給你。

當你說出以下的話：

◆ 我不知道該如何解決。
◆ 我不知道要看哪裡。
◆ 我不知道如何找這資訊。
◆ 我不知道下一步要做什麼。
◆ 我找不到這個。
◆ 我弄不懂。

停！告訴自己：「那不是我的工作。我要讓吸引力法則來想辦法。」

這一課對我的客戶兼朋友安卓雅很有幫助。當她剛開始創

業，她利用吸引力法則來吸引理想的生意。透過3步驟，安卓雅發現一個真的讓她很興奮的生意，她得以每天購物。她還利用吸引力法則來幫她的服裝店尋找資金與絕佳地點。每一個步驟，只要有艱難的問題出現，安卓雅開始擔心細節時，我就會對她說：「那不是妳的工作。讓吸引力法則去想辦法。」

雖然吸引力法則會解決大問題，安卓雅還是必須採取後續行動。比如，當她找到金主後，她還是得與他相約見面，為她的店安排投資。

需要你行動的時機總會到來。當你讓吸引力法則掌握全局，你就開始接收你想要的事物，並決定何時採取行動。

✦

願望要怎麼實現不是你的工作，
交給吸引力法則吧。

✦

總結步驟 3：與願望合一

你已經完成自主性吸引的第 3 步驟——與願望合一。

以下是本章節我們講解過的部分

◆ 與願望合一——自主的吸引的第 3 步驟是最重要的步驟。

◆ 與願望合一就是去除懷疑。

◆ 懷疑是負面頻率。

◆ 懷疑的負面頻率會抵消願望的正面頻率。

◆ 受限的信念是一種不斷重複的想法。

◆ 當你說「我做不到是因為……」，這就是一個受限的信念。

◆ 找尋證據有助你移除懷疑。

◆ 找到證據證明別人正擁有或是正在做你想要的事物，有助你移除懷疑。

◆ 與願望合一工具的目的是助你移除懷疑。

◆ 10 個與願望合一的工具：

　— 慶祝證明（證據）

　— 記錄吸引力法則的證明

　— 欣賞與感激

　— 使用「我正在……的道路上」的表述

　— 使用「我決定……」的表述

— 使用「很多事情可能會發生……」的表述

— 尋求資訊

— 製作願景箱

— 製造一個空間

— 讓吸引力法則自行運作

整合

現在你已經學到如何利用吸引力法則獲得更多你想要的，排除你不想要的，你可以馬上開始使用本書教你的工具。

步驟 1、2、3 的練習紙以及更多的空白練習紙都可以上網列印。

請上：www.booklife.com.tw/upload_files/web/secret/00100155.htm。

超越 3 步驟公式

◆ 變得更富裕、吸引更多財富

◆ 人際關係與你的頻率

◆ 父母與老師：學習如何教導孩子吸引力法則

富裕是一種感覺。
要更加刻意地讓富裕的感覺成為你現在的頻率——
你的能量圈。

變得更富裕、吸引更多財富

　　現在你知道所有的感覺都會產生頻率，不管是正面還是負面。富裕是一種感覺而且是「好」消息。為什麼？所有的感覺都可以加倍！富裕是一種感覺，它有一個你可以加倍的對應頻率。通常人們藉由思想或是他們所用的語言，就能將匱乏、悲傷或無助感加倍。因為你可以透過語言或想法來產生感覺，所以你就可以學習如何藉由改變你的語言或想法，刻意複製富裕的感覺。

　　吸引力法則不知道你是在回憶、假裝、創造、想像或是做白日夢。它只會回應我們當下的頻率，而我們一次只能發出一種頻率！刻意且經常地製造富裕的感覺，我們等於是更經常地將之納入我們的能量圈，因此在人生中製造出富裕。

你的目標是盡可能、持久地將富裕的頻率納入能量圈。好消息是讓富裕頻率加倍很容易。你可能每天都過得很充足但卻不自覺，沒有慶祝它或是談論它，因此未把它納入你的能量圈。

　　用一張表列出你所有的金錢、資源來源。大多數人當被問到「你如何賺更多錢」時，他們會回答以增加工時來賺更多錢，或是去兼差賺更多錢。對很多人來說，這是變得富裕的唯一方法，這個想法本身正是受侷限的信念。實際上還有很多其他方法，證明你可以是富足的。

　　下一頁有一張表，列出一些算是富裕的定義。換句話說，當你感受到以下表列的某一件事情，大多數人會在心裡產生富裕的感覺。

　　你也會注意到，大多數的富裕感並非絕對來自金錢。

富裕來源（舉例）

◆ 有人請你吃中飯（或是早餐或是晚餐）。

◆ 有人給你免費建議或指導。

◆ 收到禮物。

◆ 享有免費交通或住宿。

◆ 你的續杯咖啡免費。

◆ 有人給你獎品。

◆ 買到打折或特賣品。

◆ 使用里程數兌換。

◆ 中了幸運抽獎。

◆ 你跟某人做買賣交換。

◆ 你賣出你的產品或服務。

◆ （你自己可以再多舉例。）

其他富裕來源

Law of 吸引力法則
Attraction

把富裕頻率納入能量圈的工具

工具1：記錄你的富裕證據

記錄每日當中你所收到的富裕來源。這將有助你大大注意到生命中的富裕。每日記錄將提供你具體證據，證明富裕「確實」存在，而且「已經」在你的生命中。慶祝吧！當你注意到富裕，慶祝你生命中的富裕跡象——一邊慶祝，一邊要意識到自己正在發散正面頻率。記住——在每一刻，包括現在，吸引力法則會回應你發出的頻率，給予你更多相同的東西。這個記錄動作會鼓勵你花更多時間慶祝你生命中的富裕，也因此更為經常地將之納入你的能量圈。

以下是每日記錄富裕的舉例。

我很富裕。今天感受到富裕的情況如下：

◆ 有朋友請我吃中飯。
◆ 中餐時我獲得半小時的免費指導。
◆ 我獲得機場免費接送。
◆ 我從客戶那邊獲得一張支票。
◆ 我收到一封感謝函。
◆ 其他……

　　記錄你自己的富裕日記吧。連續七天做此練習，你會發現自己說：「我真是富裕！我過去七天每天都有吸引富裕的跡象」或是「我真是富裕！我過去七天獲得了價值不斐的免費建議」。理想的狀況是，七天後你還是會一直記錄下去。

　　請你更加刻意地發散富裕頻率，吸引力法則將回饋給你更多。

　　請用以下練習紙來記錄你今天的富裕證明。

富裕證明簿

我很富裕。今天感受到富裕的情況如下：	日期：

我很富裕。今天感受到富裕的情況如下：	日期：

我很富裕。今天感受到富裕的情況如下：	日期：

我很富裕。今天感受到富裕的情況如下：	日期：

如果需要更多練習紙，請上：

www.booklife.com.tw/upload_files/web/secret/00100155-4.htm 。

工具 2：永遠要對錢說 YES

當遇到有人要請吃午餐、送禮物或是直接要給你錢的時候，很多人都不敢直接說好。很多人遇到有人要請吃午餐時會說：「不用，你不必請我。」或是「不，我自己付，你不必請我。」或是「不，不能讓你請！」這幾句話你是不是很熟悉？

在這些例子裡，你聽到是對錢的抗拒。現在全新的你會說：「謝謝，我很樂意讓你請」，而且會感到很開心。剛開始你可能會不自在，但是當你開始一直說好，你會覺得容易許多，你會感到自己的抗拒慢慢消逝。你將會因此開始允許金錢進來。從今起開始對錢說 YES ！

工具 3：抓住那張支票

關於錢，你是不是想要提高你的頻率？那就好好抓住你領到的支票。

你不要一領到支票就去兌現，如果你把它留著多看一天，就會產生更多有利於頻率的價值。每當你看著支票就會多一點興奮，吸引力法則會感應到你的興奮。

記得，每當你感到多一點興奮，你正把該頻率納入你的能量圈。當你注意到某件事情讓你對錢感到興奮，請一再重複做那件事情。吸引力法則永遠會有所回應。

總結：富裕與吸引更多錢

以下是本章節我們講解過的部分

◆ 請更刻意地讓富裕的感覺成為你現在的頻率。

◆ 更注意不同的富裕來源。

◆ 記錄富裕證據可增加你對富裕能量的關注。

◆ 你的工作是盡可能地將富裕頻率納入你的能量圈。

◆ 慶祝你注意到你吸引富裕的那一刻。

◆ 3個助你更能自主的吸引富裕的工具：

— 記錄你的富裕證據

— 永遠要對錢說 YES

— 抓住那張支票

人際關係與你的頻率

你有沒有碰過以下情況？你碰到某人不到幾秒鐘，你就在心裡說：「我不喜歡他們的頻率。」有時候，你遇到某人，一下子就覺得很聊得來，因為你心想：「我喜歡他們的頻率。」這些經驗代表你「接收」到其他人的能量或頻率。

如果我們用 1 到 100 來測量你的頻率，100 表示最高，1 表示最低，你的數值會是多少？

想像有個收音機轉盤，有電台 0 到 100。從 0 到 50 是負面的談話節目，而從 50 到 100 是正面的談話節目。

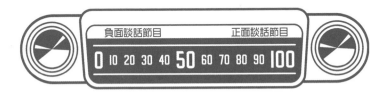

你的能量振動就好比電台頻率。當你心情好，一切順心時，什麼事情都否極泰來，你周邊的每個人都很正面。那我們可以說你的頻率有 98.5 那麼高。

　　你怎麼知道自己是98.5呢？你的感覺會告訴你。當你的心情好，頻率高的時候，那表示你周邊幾乎沒有負面頻率。當你周邊幾乎沒有負面頻率，你很快就可以心想事成。你會開始吸引頻率類似的關係。還有人會注意到，當你的頻率數值上升（頻率升高），你也會在生活各層面吸引想法與頻率相似的人。

✦

你的頻率與他人頻率之間的距離，
等於你跟他們相處時所感到的抗拒（負面）值。

✦

　　在另一方面，你們可能聽過有種說法：「負負得負。」大多數人都會碰到這樣的情況，即身邊的人不是跟我們一樣98.5的高頻率。回想一下你人生中處於高頻率的時刻，你做什麼事情都很順，好事一件件接踵而來。這時電話響了，你看看來電顯示，發現是一個生命頻率比你低的人。你可能光是看到他的名字就覺得自己的頻率降低。我們稱這個人為你的負面煞星。

你的負面煞星

　　有些人會問，「如果我有這麼高的能量的話，為何會吸引到負面煞星？」答案很簡單，負面煞星不盡然是你自己選擇來的，他們可能是你的伴侶、工作搭檔、同事、孩童、親戚或是鄰居。

　　假設負面煞星的能量一直在低檔，比方說 30.1，而你的能量在98.5。看看以下的收音機轉盤，你可以看到你的頻率值與負面煞星頻率值的差異。你與他人之間的頻率差，等於你跟他們相處時（或談話時）所感到的抗拒（負面）值。

　　過去你可能說過：「負面煞星讓我心情低落。」事實上，

負面煞星不會讓你低落。是你降低你的頻率數值來配合他們。

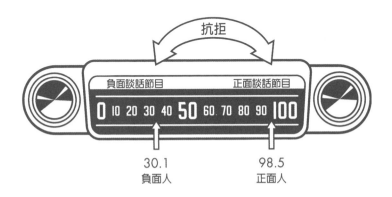

如何「維持」你的正面頻率

　　未來，當你跟頻率較低的人談話時，你要如何維持你98.5的頻率？就好比你在車上聽收音機選擇電台（或是能量），儘管你的生命中有負面煞星，你也可以維持高頻率，停留在高點。以下是維持方法。

　　下一回你的負面煞星打電話給你，跟你說他們的人生有多慘，或是他們的工作有多討人厭，他們沒有錢或是沒有讓人滿意的關係，你有兩個選擇：

> 選擇1：你可以投入對話，然後降低你的能力去配合他們的低潮。
> 或是
> 選擇2：當你聽他們說他們不想要的，你可以直接問他們「那你要什麼？」

　　記住，當負面煞星將話題從他們不要的轉到他們想要的，他們的用字會變，當他們的用字變了，頻率也會跟著變高。等他們的頻率變高，會更接近你的頻率，你們的頻率越接近，你

們就越和諧。

　　現在你明白當你遇到很對眼的人，你心想：「我們還真是合得來。我們還真是來電。」你真正的意思是你們的頻率很和諧。當你遇到某人，你還沒知道他的名字前，你就心想：「哇，我不喜歡他的頻率。不是我的型。」這表示你們的頻率不協調。

　　你的工作是關照自己的頻率，把你跟人們之間的對話導向更樂觀、正面的境界。你的訣竅是記得要溫柔地問：「那你要什麼？」藉此幫助對方達到更正面、也就是更高的頻率。

吸引你的理想關係

我用「關係」一詞來代表各種人際關係——也許是你理想的伴侶關係、生意關係、親子關係、父母關係、鄰居關係、同事關係、師生或客戶關係。

現在我們要開始用吸引力法則裡的3步驟，來學習如何吸引你的理想關係。

> **提醒：你過往經歷過的對照將對你的未來有所幫助。**

弄清楚過往伴侶或是約會對象身上有哪些地方讓你不喜歡，對你非常有幫助。你可以利用這項資訊釐清你想要的伴侶是何種人。比方說，你不喜歡你的對象工時太長，那你要什麼？你若不喜歡沒有冒險精神的人，那你要什麼？你若不喜歡不愛跳舞的、不浪漫的或是不傾聽的人等等，那你要什麼？

明白你不要什麼，將有助你更加釐清你要什麼，你的釐清會變成你新的、明確的願望！要做到這點最簡單的方法就是對

自己說：「那我要什麼？」聽起來很簡單，確實也是如此！當你的注意力從你不喜歡的事物轉移到你喜歡的事物，能量就會改變。當你的能量改變，結果也會變！請注意你釐清某件事情之後的感受。當你說：「喔！這正是我所要的！」你的感覺會很棒。這項新的領悟現在變成你的願望，這是讓你的理想關係實現的第一步。

如果你不是真的按照你想要的方式發散出頻率，吸引力法則就無法回應。換句話說，你嘴裡說你要「這樣」的人，但是你發出的頻率卻與你的願望不盡相同。檢查自己所發出頻率的其中一個方法，就是觀察你生命中目前正接收到的事物。那是你發出的頻率之絕佳對照。

在吸引理想關係的過程中，許多人常常會花時間去注意他們「沒有」吸引到他們真正想要的。那種注意力會導致他們發出匱乏頻率（一種負面頻率）。停止觀察你沒有吸引到的，那你就不會再去注意它。你的工作是找出在你定義中的理想關係裡，你要追求的特質或是對方的優點，然後去關注那些點！你的頻率將就此改變，吸引力法則會給你更多你想要的！

吸引理想關係的祕訣

祕訣 1：不要跟人說你的約會對象是個爛ㄎㄚ！

不要寫電子郵件給朋友！不要跟你的女性密友講！不要記在你的日記裡！記住，吸引力法則不會知道你是在回憶、抱怨或是擔憂。吸引力法則只會給予你更多你所關注的事物！

祕訣 2：列出你的對照清單

約會完回家後，列出你約會經驗中所有你不喜歡的事情，把表上的對照清單轉成你想要的。

祕訣 3：不對勁就換對象

如果第一次約會不愉快，通常後面不會更好，所以只要轉往下一個對象，每一次都要記得在釐清清單上記下一筆。

祕訣 4：講出速配的原因

花時間去討論、書寫以及幻想速配的原因。多去注意你喜歡的事物，聚焦其上。

總結：人際關係與你的頻率

以下是本章節我們講解過的部分

◆ 你時時刻刻都在發散頻率，不是正面就是負面。

◆ 當你的頻率高，對方的頻率低於你，你會感到抗拒（負面頻率）。

◆ 碰到頻率比你低的人，當他們抱怨或是提到他們不想要的事物時，你若想維持自己的高頻率，就問他們：「那你要什麼？」

◆ 利用自主性的吸引程序來吸引你的理想人際關係。

◆ 吸引理想關係的4祕訣

— 不要跟人說你的約會對象是個爛ㄎㄚ！

— 列出你的對照清單

— 不對勁就換對象

— 講出速配的原因

父母與老師：
學習如何教導孩子吸引力法則

　　試想你的家人或是學生一起來練習吸引力法則會是何種情況。本章節的用意是為了提供你一些資訊、工具與遊戲，協助你用簡單的方法教導兒童認識吸引力法則。

　　教導成人時，使用「彰顯」、「能量」、「機緣」、「運氣」、「巧合」等字眼是很稀鬆平常的。但是教孩子們吸引力法則時，應該要用他們可以聽得懂的字眼來說。

祕訣 1：用語要簡單！

　　不要用頻率的說法，改用「心情」。

　　最近，我受邀到班上對一群十歲的孩子講話，我決定用一個他們懂的字做開場。我問他們：「大家可以給我一些心情不好的例子嗎？」我用「心情」一詞來取代「頻率」。小學生們馬上就舉手。以下是他們分享的一些例子。

◆ 我媽不喝咖啡的話，她就心情不好。

◆ 我爸媽在家吵架的話，我會覺得心情不好。

◆ 我在學校看到欺負別人的人，我會覺得心情不好。

◆ 在一個陰暗恐怖的大樓裡，我會覺得心情不好。

　　很顯然地這些孩子們完全知道心情不好是怎麼回事，他們也同意一件事情，就是身邊的人心情不好或是他們自己心情不好，那種感覺都很差。

祕訣 2：讓孩子「相信」或是「擁有」新觀念，方法是讓他們
從自身的經驗來回答問題

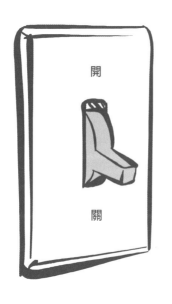

開

關

接下來我用黑板上的
電燈開關圖來顯示「開」
與「關」的位置。「開」
表示你的心情好，「關」
表示你關掉你的好心情，
變成壞心情。首先讓學生
同意心情好的感覺比心情
不好要來得痛快，然後我
問他們是否想要學會把心
情從不好變成好的方法。
大家都很興奮地說「要」。

我叫他們在筆記本上寫下這幾個用詞：「不要」「不」「不
准」。接著我告訴他們這些用詞會讓人心情不好。我請他們給
我一些使用這些用詞的經驗。他們給了我一大堆舉例。以下是
部分實例：

- ◆ 不要遲到。
- ◆ 不要弄髒衣服。
- ◆ 不要在穿堂跑來跑去。
- ◆ 不要把外套丟在地板上。
- ◆ 不准欺負人。
- ◆ 不要在家裡玩球。
- ◆ 不要在電腦附近吃喝東西。

　　我在黑板上列出所有的例子之後，我請大家一起大聲唸出來。他們都同意光是大聲唸出來就讓人覺得心情不好。換句話說，我證明了我的論點而他們也同意。所以我把問題提出來之後，接下來我要給他們解決辦法。

祕訣 3：孩子最愛祕密了

　　接下來我又小心用字，我告訴他們我要教他們一個「祕密」，把電燈開關從「關」（壞心情）變成「開」（好心情）。我故意選用「祕密」一詞是因為我知道他們聽了會覺得很特別，會很想記住。他們很喜歡我說的這個「祕密」很少大人知道，有了這個「祕密」後他們可以把壞心情變成好心情。

學生們學到把心情轉換的方法是問自己一個非常簡單的問題。每次他們聽到自己說「不要」時，他們要問自己「那我要什麼？」我們重新看一遍他們列出的「不要」，然後列出一張「那我要什麼？」的表。學生們都迫不及待要分享這個祕密問題的答案。

「不要」	「那我要什麼？」
◆ 不要遲到。	◆ 準時到。
◆ 不要弄髒衣服。	◆ 衣服保持乾淨。
◆ 不要在穿堂跑來跑去。	◆ 在穿堂用走的。
◆ 不要把外套丟在地板上。	◆ 把外套掛起來。
◆ 不准欺負人。	◆ 好好跟大家玩。
◆ 不要在家裡玩球。	◆ 去外面玩球。
◆ 不要在電腦附近吃喝東西。	◆ 在桌上吃喝東西。

我跟學生們一起看過這張表後，他們都同意說自己想要的比不想要的感覺舒服多了。

練習祕訣 1、2、3 之後，這些學生掌握了將頻率由負面轉成正面的完整概念，簡單又迅速！

　　我知道他們回家後會很想跟父母與朋友分享這項訊息。所以我又再次提醒他們有個祕密，為了讓這個祕密很特別，他們告訴別人的時候要很溫柔。這樣子，下一次他們的父母、兄弟姊妹或朋友使用「不要」一詞時，他們可以溫柔地問這個祕密的問題：「那你要什麼？」。

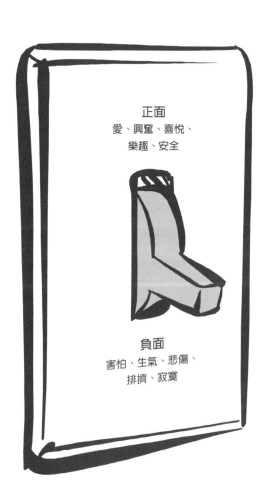

正面
愛、興奮、喜悅、
樂趣、安全

負面
害怕、生氣、悲傷、
排擠、寂寞

教導孩子吸引力法則的工具

工具1：磁鐵棋盤遊戲

　　有一個適合給任何家庭或是一群孩童玩的簡易遊戲，叫做「關於不的磁鐵棋盤遊戲」。準備一個磁鐵棋盤（或是類似的東西），上面寫著每個家人的名字或是參與遊戲者的名字。用有趣的造型磁鐵，遊戲的目的是在每週末，看誰的名字下有最多的磁鐵。一開始每個人領五個磁鐵。每次只要有人說不要怎樣怎樣，說話的人要給聽到的人一個磁鐵。週末時頒獎給贏的人，讓這個遊戲變得有趣，並且在重要的位置展示這個磁鐵棋盤。對一般家庭來說，理想的位置是餐桌附近或是常常會經過的冰箱門上。這是一個有趣的遊戲，所以父母與老師們，也一起玩吧！

工具2：電燈開關海報

　　這張海報對年紀小的孩子來說是很有幫助的視覺輔助。利用海報讓孩子了解負面與正面情緒，或是心情在感受上的差異。（請參考左頁圖片說明）

　　首先，請跟孩子一起列表，列出代表正面與負面情緒的字眼。讓孩子協助你把描述正面情緒的字眼歸類到電燈「開」的那一邊海報上。同樣地把描述負面情緒的字眼歸類到電燈「關」的那一邊海報上。身為父母或是老師，每當你注意到孩子表達情緒時，請利用這張海報讓他們找出那個情緒是屬於電燈開關海報上「開」的那一邊還是「關」的那一邊。這張海報有助他們更清楚正、負面情緒的差異。請將海報貼在顯眼又會常常經過的地方。

工具3：祕密問題提示

　　這項工具的目的是幫助孩子在使用「不」字的時候，想起我們的祕密問題。用一條粗橡皮筋或是圓形別針，讓你的孩子或學生在上面標示「祕密」一詞。這樣孩子們就可以戴在身上，當作提醒工具，讓他們記得問自己：「那我要什麼？」

工具4：家庭或團體聚會

　　對年紀大一點的孩子或是青少年來說，一週一次的聚會是學習吸引力法則的好辦法。以下我列出幾個你們可以在聚會上討論的問題。

◆ 你是否注意到你已經減少使用「不要」「不准」「不可以」？

◆ 你何時逮到自己說「不要」「不准」「不可以」？

◆ 本週內你教導誰或是與誰分享了吸引力法則？

◆ 你發現了什麼證據，證明你吸引更多你想要的，少一點你不想要的？

◆ 本週你想多吸引一點什麼？

　　為了在非聚會的時間裡也持續練習吸引力法則，請確定每個人都允許別人來關心自己，來問你：「那你要什麼？」問別人是否允許你問，也允許別人來問你。「如果我發現你用『不』字，我可以提醒你嗎？我也允許你在我每次使用『不』字的時候提醒我！」

總結：教導孩子吸引力法則

以下是本章節我們講解過的部分

◆ 簡單的字眼如「心情」和「祕密」是很有效的教學工具。

◆ 問一些讓孩子們容易從自身經驗得到觀念的問題。

◆ 對更年幼的孩子使用視覺輔助（電燈開關海報）。

◆ 用遊戲和獎品來加強。

◆ 父母——一定要參與。

◆ 彼此允許對方的詢問。

◆ 記得好玩最重要。

整合

現在你學到如何利用吸引力法則來獲取多一點你要的，少一點你不要的，你可以馬上開始利用本書的練習和工具。

記住，網路上有免費的3步驟練習紙與空白練習紙。

請上：www.booklife.com.tw/upload_files/web/secret/00100155.htm。

請經常參考此書。你也可以利用其他資源，像是文章發表、空中教學、講座、我的電子月刊，以及我的網站：www.LawofAttractionBook.com。

現在你工具齊備，讓吸引力法則改善你的生活吧。
祝大家心想事成！

與吸引力法則的訊息保持聯繫

支援與資源

◆ 與實踐吸引力法則的人為伍，這將有助你持續散發正面頻率，但是你要如何找到這些人呢？其中一種方式是使用自主性的吸引法。利用吸引力法則的力量來尋找同好。

◆ 在你居住的城市裡成立一個吸引力法則團體。

◆ 閱讀其他關於吸引力法則的書籍。

特別感謝

我深受亞伯拉罕西克斯出版社（Abraham-Hicks Publications）出版的傑瑞與艾斯特‧西克斯著作影響與啟發。我打從心裡面感激他們與全世界和我分享吸引力法則的知識。我的生命因此更充實、富裕。

有關亞伯拉罕西克斯出版社的訊息，請上：www.abraham-hicks.com。

我由衷感謝成千上萬來參加我的講座與空中教學課程的朋友們。還有許許多多我收到的電子郵件，與我分享個人的成功故事。還有在我廣播談話節目上打電話進來的所有人，多虧你們大家讓我的吸引力法則成功！

我還要感謝所有打從一開始就支持我的人，不管是在身體上、情感上或是精神上，我永遠愛你們。

關於作者

　　麥可羅西爾致力於書寫與教授吸引力法則。這幾年來，麥可羅西爾徹底檢視過自己的人生，雖然他可以很快下結論說自己的人生過得很愉快，有個沒有麻煩的童年與支持他的家庭，麥可還是明確指出他是因為發現並運用了吸引力法則，才能夠以作家、講師和企業家的身分，再創事業與人生高峰。

　　麥可羅西爾在加拿大新邦斯維克（New Brunswick）的藍領社區長大。他念的是神經語言程式學（NLP），一種心理與行為改變技巧，並從1990年起，與其他在英屬哥倫比亞省維多利亞的四個NLP學生舉辦一系列成功的年度整體健康展。九○年代中期，麥可參與訓練計畫，成為賦權教練（Empowerment Coach），在1995年成為領有執照的NLP執行師。他與政府談好將每週工作天數減為四天，第五天用來指導客戶。

　　1995年麥可接觸了吸引力法則這個主題，他開始疑惑自

己在人生中為何從未吸引負面事物。於是他開始探索夏威夷靈性體系 Huna、中國的風水以及其他能量相關學問。他的結論是任何一種題目都該以簡單的教學模式來讓人們理解，「必須要讓使用者覺得親切才行。」

1996 年麥可開始與另一位熱中吸引力法則的人每週見面，很快演變成每兩週的四十五人聚會。之後他與一位生意夥伴創立了空中教學國際公司（TeleClass International Inc.）。空中教學是即時、互動式訓練課程，利用電話會議科技在電話上進行課程。麥可透過空中教學一年觸及一萬五千人。

當麥可如願傳道，尤其是當他傳授的是吸引力法則的訊息，數百萬人可以受益，運用他強大的體系來改善生活。這是對所有人的雙贏局面。

麥可沒教學、沒帶活動或進修的時候，他喜歡在西北太平洋區的老森林裡散步，或是在他加拿大英屬哥倫比亞省維多利亞的院子裡照顧花草。

國家圖書館出版品預行編目資料

吸引力法則：心想事成的黃金三步驟 ／麥可 J. 羅西爾
（Michael J. Losier）著；林說俐 譯. -- 初版 -- 臺北市：方智，
2007.11 192面；14.8×20.8公分 -- （方智叢書；155）
譯自：Law of Attraction: The Science of Attracting More of What You
Want and Less of What You Don't
ISBN：978-986-175-086-6（平裝）

1. 吸引力 2. 成功法

170   96017717

Eurasian Publishing Group
圓神出版事業機構
用心阔你對話．縮野閱讀實樂

方智出版社
Fine Press

http://www.booklife.com.tw   reader@mail.eurasian.com.tw

方智叢書 155

吸引力法則——心想事成的黃金三步驟

作　　者／麥可 J. 羅西爾（Michael J. Losier）
譯　　者／林說俐
審　　訂／謝明憲
發 行 人／簡志忠
出 版 者／方智出版社股份有限公司
地　　址／台北市南京東路四段50號6樓之1
電　　話／（02）2579-6600．2579-8800．2570-3939
傳　　真／（02）2579-0338．2577-3220．2570-3636
郵撥帳號／13633081　方智出版社股份有限公司
總 編 輯／陳秋月
資深主編／賴良珠
責任編輯／鍾孟育
美術編輯／蔡惠如
行銷企畫／吳幸芳．王翰鈞
印務統籌／林永潔
監　　印／高榮祥
校　　對／黃暐勝．鍾孟育
排　　版／杜易蓉
經 銷 商／叩應股份有限公司
法律顧問／圓神出版事業機構法律顧問　蕭雄淋律師
印　　刷／祥峯印刷廠
2007年11月　初版
2024年7月　130刷

Law of Attraction: The Science of Attracting More of What You Want and Less of What You
Don't
Copyright © 2003 by Michael J. Losier
Published in agreement with Liza Dawson Associates LLC,
Through The Grayhawk Agency.
Complex Chinese translation copyright © 2007 by The Eurasian Publishing Group(Imprint:
Fine Press)
All rights reserved.